TOSEL 유형분석집

STARTER

Section II.
Reading & Writing

1

영어를 시작하는 단계

2

영어의 밑바탕을
다지는 단계

TOSEL

TOSEL
Cocoon

유치원생

TOSEL

TOSEL
Pre Starter

초등 1,2학년

TOSEL

TOSEL
Starter

초등 3,4학년

3

영어의 도약단계

TOSEL

TOSEL Basic

초등 5,6학년

4

영어의 실전단계

TOSEL

TOSEL Junior

중학생

5

영어의 고급화 단계

TOSEL

TOSEL High Junior

고등학생

6

영어의 완성단계

TOSEL

TOSEL Advanced

대학생, 직장인

About TOSEL® — TOSEL에 대하여

TOSEL은 각급 학교 교과과정과 연령별 인지단계를 고려하여 단계별 난이도와 문항으로
영어 숙달 정도를 측정하는 영어 사용자 중심의 맞춤식 영어능력인증 시험제도입니다.
평가유형에 따른 개인별 장점과 단점을 파악하고, 개인별 영어학습 방향을 제시하는 성적분석자료를 제공하여
영어능력 종합검진 서비스를 제공함으로써 영어 사용자인 소비자와
영어능력 평가를 토대로 영어교육을 담당하는 교사 및 기관 인사관리자인 공급자를
모두 만족시키는 영어능력인증 평가입니다.

TOSEL은 인지적-학문적 언어 사용의 유창성 (Cognitive-Academic Language Proficiency, CALP)과
기본적-개인적 의사소통능력 (Basic Interpersonal Communication Skill, BICS)을
엄밀히 구분하여 수험자의 언어능력을 가장 친밀하게 평가하는 시험입니다.

대상

유아, 초, 중, 고등학생, 대학생 및 직장인 등 성인

목적

한국의 영어교과과정을 고려하여 한국인의 영어구사능력증진에 적합하도록 개발

용도

실질적인 영어구사능력 평가 + 입학전형 및 인재선발 등에 활용 / 직무역량별 인재 배치

연혁

2002.02	국제토셀위원회 창설 (수능출제위원역임 전국대학 영어전공교수진 중심)
2004.09	TOSEL 고려대학교 국제어학원 공동인증시험 실시
2006.04	EBS 한국교육방송공사 주관기관 참여
2006.05	민족사관고등학교 입학전형에 반영
2008.12	고려대학교 편입학시험 TOSEL 유형으로 대체
2009.01	서울시 공무원 근무평정에 TOSEL 점수 가산점 부여
2009.01	전국 대부분 외고, 자사고 입학전형에 TOSEL 반영 (한영외국어고등학교, 한일고등학교, 고양외국어고등학교, 과천외국어고등학교, 김포외국어고등학교, 명지외국어고등학교, 부산국제외국어고등학교, 부일외국어 고등학교, 성남외국어고등학교, 인천외국어고등학교, 전북외국어고등학교, 대전외국어고등학교, 청주외국어고등학교, 강원외국어고등학교, 전남외국어고등학교)
2009.12	청심국제중 • 고등학교 입학전형 TOSEL 반영
2009.12	한국외국어교육학회, 팬코리아영어교육학회, 한국음성학회, 한국응용언어학회 TOSEL 인증
2010.03	고려대학교, TOSEL 출제기관 및 공동 인증기관으로 참여
2010.07	경찰청 공무원 임용 TOSEL 성적 가산점 부여
2014.04	전국 200개 초등학교 단체 응시 실시
2017.03	중앙일보 주관기관 참여
2018.11	관공서, 대기업 등 100여 개 기관에서 TOSEL 반영
2019.06	미얀마 TOSEL 도입 발족식 베트남 TOSEL 도입 협약식

About TOSEL® —— TOSEL에 대하여

What's TOSEL?

"Test of Skills in the English Language"

TOSEL은 비영어권 국가의 영어 사용자를 대상으로 영어구사능력을 측정하여
그 결과를 공식 인증하는 영어능력인증 시험제도입니다.

영어 사용자 중심의 맞춤식 영어능력 인증 시험제도

맞춤식 평가

**획일적인 평가에서
세분화된 평가로의 전환**

TOSEL은 응시자의 연령별 인지단계에
따라 별도의 문항과 난이도를 적용하여
평가함으로써 평가의 목적과 용도에
적합한 평가 시스템을
구축하였습니다.

공정성과 신뢰성 확보

국제토셀위원회의 역할

TOSEL은 고려대학교가 출제 및 인증기관
으로 참여하였고 대학입학수학능력시험
출제위원 교수들이 중심이 된
국제토셀위원회가 주관하여
사회적 공정성과 신뢰성을 확보한
평가 제도입니다.

수입대체 효과

외화유출 차단 및 국위선양

TOSEL은 해외시험응시로 인한 외화의
유출을 막는 수입대체의 효과를 기대할 수
있습니다. TOSEL의 문항과 시험제도는
비영어권 국가에 수출하여 국위선양에
기여하고 있습니다.

Why TOSEL® 왜 TOSEL인가

01 학교 시험 폐지

일선 학교에서 중간, 기말고사 폐지로 인해 객관적인 영어 평가 제도의 부재가 우려됩니다. 그러나 전국단위로 연간 4번 시행되는 TOSEL 평가시험을 통해 학생들은 정확한 역량과 체계적인 학습방향을 꾸준히 진단받을 수 있습니다.

02 연령별/단계별 대비로 영어학습 점검

TOSEL은 응시자의 연령별 인지단계 및 영어 학습 단계에 따라 총 7단계로 구성되었습니다. 각 단계에 알맞은 문항유형과 난이도를 적용해 모든 연령 및 학습 과정에 맞추어 가장 효율적으로 영어실력을 평가할 수 있도록 개발된 영어시험입니다.

03 학교내신성적 향상

TOSEL은 학년별 교과과정과 연계하여 학교에서 배우는 내용을 학습하고 평가할 수 있도록 문항 및 주제를 구성하여 내신영어 향상을 위한 최적의 솔루션을 제공합니다.

04 수능대비 직결

유아, 초, 중등시절 어렵지 않고 즐겁게 학습해 온 영어이지만, 수능시험준비를 위해 접하는 영어의 문항 및 유형 난이도에 주춤하게 됩니다. 이를 대비하기 위해 TOSEL은 유아부터 성인까지 점진적인 학습을 통해 수능대비를 자연적으로 해나갈 수 있습니다.

05 진학과 취업에 대비한 필수 스펙관리

개인별 '학업성취기록부' 발급을 통해 영어학업성취이력을 꾸준히 기록한 영어학습 포트폴리오를 제공하여 영어학습 이력을 관리할 수 있습니다.

06 자기소개서에 토셀 기재

개별적인 진로 적성 Report를 제공하여 진로를 파악하고 자기소개서 작성 시 적극적으로 활용할 수 있는 객관적인 자료를 제공합니다.

07 영어학습 동기부여

시험실시 후 응시자 모두에게 수여되는 인증서는 영어학습에 대한 자신감과 성취감을 고취시키고 동기를 부여합니다.

08 AI 분석 영어학습 솔루션

국내외 15,000여 개 학교·학원 단체 응시인원 중 엄선한 100만 명 이상의 실제 TOSEL 성적 데이터를 기반으로 영어인증시험 제도 중 세계 최초로 인공지능이 분석한 개인별 AI 정밀진단 성적표를 제공합니다. 최첨단 AI 정밀진단 성적표는 최적의 영어학습 솔루션을 제시하여 영어 학습에 소요되는 시간과 노력을 획기적으로 절감해줍니다.

09 명예의 전당, 우수협력기관 지정

우수교육기관은 'TOSEL 우수 협력 기관'에 지정되고, 각 시/도별, 최고득점자를 명예의 전당에 등재합니다.

Evaluation 평가

평가의 기본원칙

TOSEL은 PBT(Paper Based Test)를 통하여 간접평가와 직접평가를 모두 시행합니다.

TOSEL은 언어의 네 가지 요소인 **읽기, 듣기, 말하기, 쓰기 영역을 모두 평가합니다.**

Reading 읽기	모든 레벨의 읽기 영역은 직접 평가 방식으로 측정합니다.
Listening 듣기	모든 레벨의 듣기 영역은 직접 평가 방식으로 측정합니다.
Writing 쓰기	모든 레벨의 쓰기 영역은 간접 평가 방식으로 측정합니다.
Speaking 말하기	모든 레벨의 말하기 영역은 간접 평가 방식으로 측정합니다.

TOSEL은 연령별 인지단계를 고려하여 **아래와 같이 7단계로 나누어 평가합니다.**

단계	레벨	대상
1 단계	TOSEL® COCOON	5~7세의 미취학 아동
2 단계	TOSEL® Pre-STARTER	초등학교 1~2학년
3 단계	TOSEL® STARTER	초등학교 3~4학년
4 단계	TOSEL® BASIC	초등학교 5~6학년
5 단계	TOSEL® JUNIOR	중학생
6 단계	TOSEL® HIGH JUNIOR	고등학생
7 단계	TOSEL® ADVANCED	대학생 및 성인

Grade Report — 성적표 및 인증서

'학업성취기록부'에 토셀 인증등급 기재

개인별 **'학업성취기록부' 평생 발급**
진학과 취업을 대비한 **필수 스펙관리**

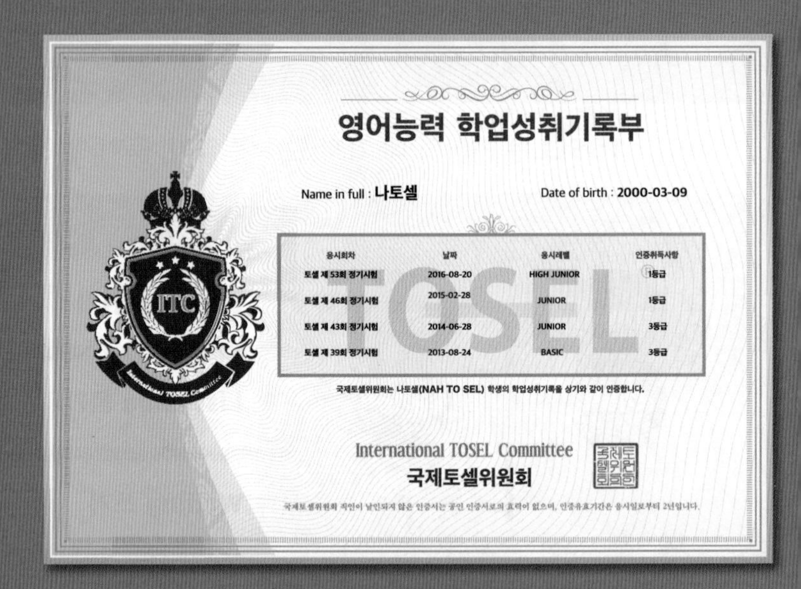

영어능력 학업성취기록부

Name in full : 나토셀 Date of birth : 2000-03-09

응시회차	날짜	응시레벨	인증취득사항
토셀 제 53회 정기시험	2016-08-20	HIGH JUNIOR	1등급
토셀 제 46회 정기시험	2015-02-28	JUNIOR	1등급
토셀 제 43회 정기시험	2014-06-28	JUNIOR	3등급
토셀 제 39회 정기시험	2013-08-24	BASIC	3등급

국제토셀위원회는 나토셀(NAH TO SEL) 학생의 학업성취기록을 상기와 같이 인증합니다.

International TOSEL Committee
국제토셀위원회

국제토셀위원회 직인이 날인되지 않은 인증서는 공인 인증서로의 효력이 없으며, 인증유효기간은 응시일로부터 2년입니다.

명예의 전당(트로피&상패)

명예의 전당 등재자를 위한 명예의 상품입니다. (별도 구매)

명예의 전당 홈페이지

홈페이지에서 각 시,도 별 명예의 전당 등재자를 확인하실 수 있습니다.

명예의 전당(증명서)

명예의 전당 등재자를 위한 등재 증명서입니다.
(홈페이지 무료 출력 가능, 액자 포함 유료구매)

'토셀 명예의 전당' 등재

특별시, 광역시, 도 별 **1등 선발**
(7개시 9개도 **1등 선발**)

*홈페이지 로그인 - 시험결과 - 명예의 전당에서 해당자 등재 증명서 출력 가능

개인 AI 정밀진단 성적표

십 수년간 전국단위 정기시험으로 축적된 빅데이터를 교육공학적으로 분석 · 활용하여 산출한 개인별 성적자료

- 정확한 영어능력진단
- 응시지역, 동일학년, 전국에서의 학생의 위치
- 섹션별 · 파트별 영어능력 및 균형 진단
- 명예의 전당 등재 여부
- 온라인 최적화된 개인별 상세 성적자료를 위한 QR코드

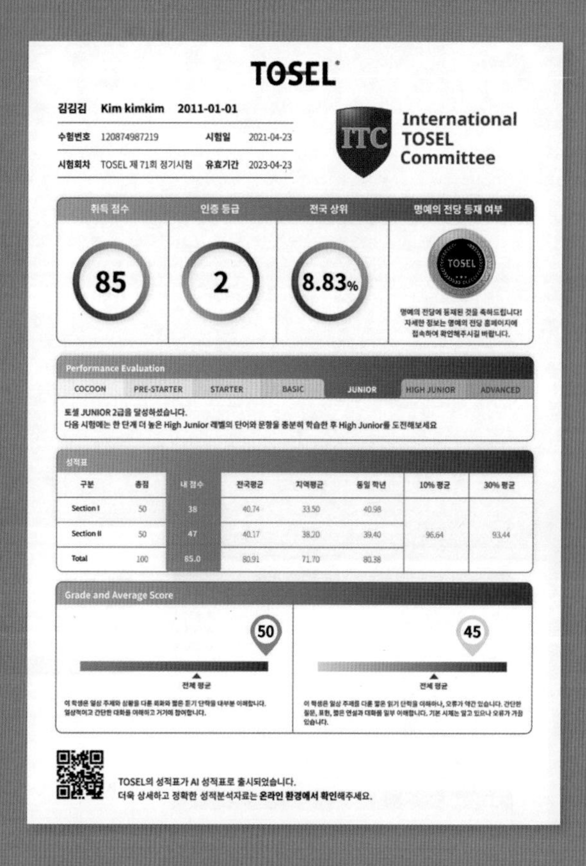

TOSEL®

김김김 Kim kimkim 2011-01-01

수험번호 120874987219 시험일 2021-04-23

시험회차 TOSEL 제 71회 정기시험 유효기간 2023-04-23

ITC International TOSEL Committee

취득 점수	인증 등급	전국 상위	명예의 전당 등재 여부
85	2	8.83%	명예의 전당에 등재된 것을 축하드립니다! 자세한 정보는 명예의 전당 홈페이지에 접속하여 확인해주시길 바랍니다.

Performance Evaluation

COCOON | PRE-STARTER | STARTER | BASIC | JUNIOR | HIGH JUNIOR | ADVANCED

토셀 JUNIOR 2급을 달성하셨습니다.
다음 시험에는 한 단계 더 높은 High Junior 레벨의 단어와 문항을 충분히 학습한 후 High Junior를 도전해보세요

성적표

구분	총점	내 점수	전국평균	지역평균	동일 학년	10% 평균	30% 평균
Section I	50	38	40.74	33.50	40.98	96.64	93.44
Section II	50	47	40.17	38.20	39.40		
Total	100	85.0	80.91	71.70	80.38		

Grade and Average Score

50 전체 평균

이 학생은 일상 주제와 상황을 다룬 회화와 짧은 듣기 단락을 대부분 이해합니다. 일상적이고 간단한 대화를 이해하고 거기에 참여합니다.

45 전체 평균

이 학생은 일상 주제를 다룬 짧은 읽기 단락을 이해하나, 오류가 약간 있습니다. 간단한 질문, 표현, 짧은 연설과 대화를 일부 이해합니다. 기본 시제는 알고 있으나 오류가 가끔 있습니다.

TOSEL의 성적표가 AI 성적표로 출시되었습니다.
더욱 상세하고 정확한 성적분석자료는 **온라인 환경에서 확인**해주세요.

인증서

대한민국 초,중,고등학생의 영어숙달능력 평가 결과 공식인증

고려대학교 인증획득 (2010. 03) 팬코리아영어교육학회 인증획득 (2009. 10) 한국응용언어학회 인증획득 (2009. 11) 한국외국어교육학회 인증획득 (2009. 12) 한국음성학회 인증획득 (2009. 12)

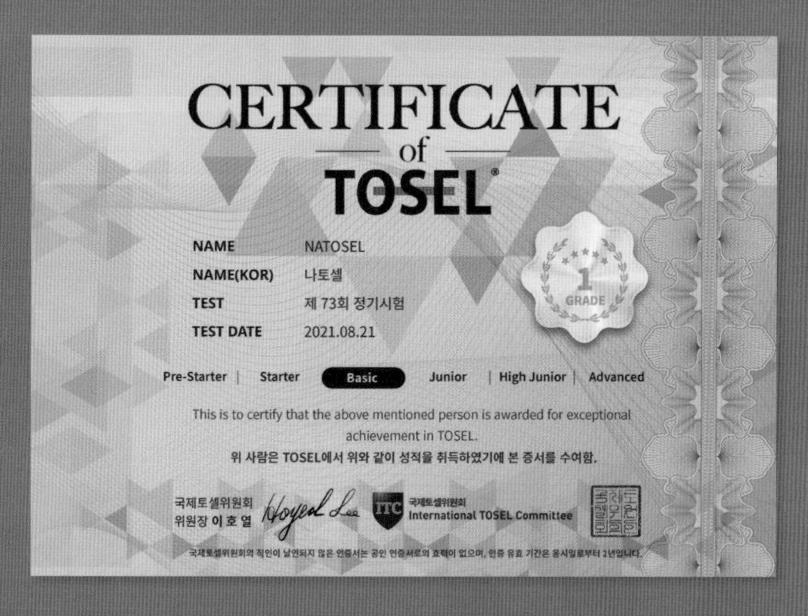

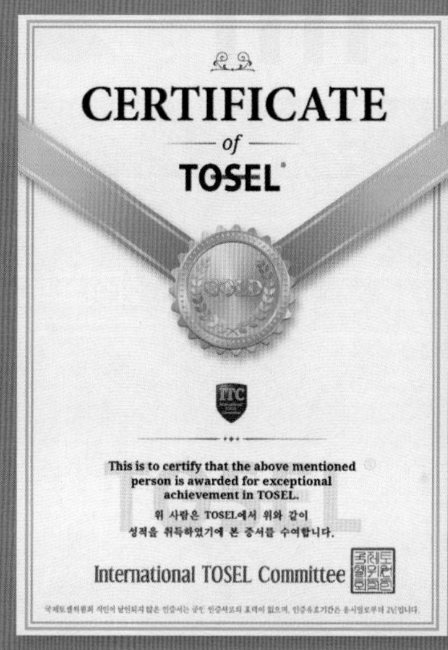

Grade Report —— 성적표 및 인증서

단체 및 기관 응시자 AI 통계 분석 자료

십 수년간 전국단위 정기시험으로 **축적된 빅데이터를 교육공학적으로 분석 · 활용**하여 산출한 응시자 통계 분석 자료

정확한 영어능력진단 / 응시지역, 동일학년, 전국에서의 학생의 위치 / 섹션별 · 파트별 영어능력 및 균형 진단 /
명예의 전당 등재 여부 / 온라인 최적화된 개인별 상세 성적자료를 위한 QR코드

"성적표로 **나의 약점**을 파악하고**, 유형분석집**으로 **보완해요!"**

성적표 연계 유형분석집 200% 활용 팁

TOSEL은 1년에 4회 전국적으로 치뤄지는 정기시험을 통해 전국 15,000여개 교육기관의 실제 토셀 성적 데이터를 기반으로 국제토셀위원회, 고려대학교 언어정보연구소, 한국데이터산업진흥원, 과학기술정보통신부와 정보통신산업진흥원이 지원하는 빅데이터 및 AI 지원사업을 통해 개발한 AI 정밀 진단 성적표를 제공하고 있습니다. AI 정밀 진단 성적표의 시험 성적 결과뿐만 아니라 응시자에게 학습 방향을 제시하는 맞춤형 분석 결과를 통해 유형 분석집을 200% 활용할 수 있는 방법을 소개합니다.

상위권 도약을 원하는 학생들을 위한 **자주 틀리는 유형의 소개 및 문제 풀이 전략**과 **공부방법**을 제시

최상위권 도약을 원하는 학생들을 위해 **해당 시험에서 출제되지 않은 유형 소개**

유형분석집을 통해 부족한 유형들을 집중적으로 공부

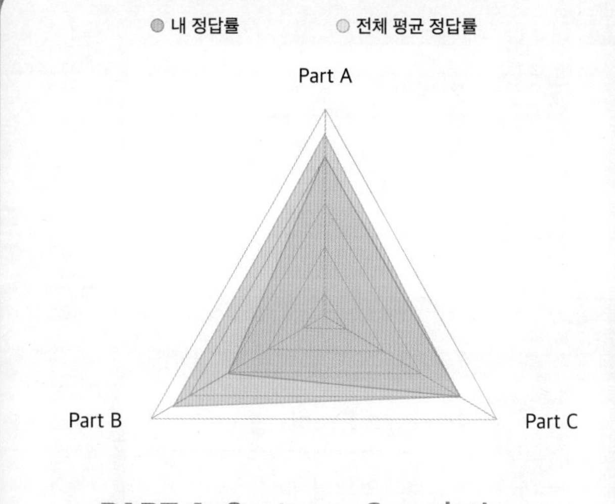

PART A. Sentence Completion

불안정한 문장이 포함된 짧은 대화를 읽고,
상황에 알맞은 어휘, 문법을 사용하여 빈칸을 채워 넣는 파트입니다.

PART B. Situational Writing

그림을 보고, 주어진 문장 속에서
그림을 올바르게 묘사하는 영어 표현을 선택하는 파트입니다.

PART C. Reading and Retelling

다양한 읽기 자료를 읽고,
주어진 내용을 바탕으로
주어진 문제에 알맞은 응답을 고르는 파트입니다.

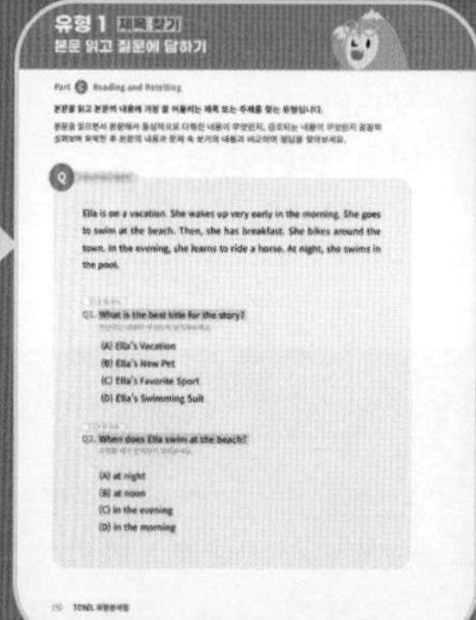

About this book

책 구조 한 눈에 보기

본 교재는 최근의 TOSEL시험을 구성별로 차례차례 소개하는 **지침서**이며,
학습자들이 시험 유형을 **부담 없이** 숙지하고 습득하도록 교재를 다음과 같이 깔끔하게 구성했습니다.

Study Plan

4주 Plan 단기 집중 공략
8주 Plan 기초부터 실전까지 단계별로 정복

Overview

각 파트 시험 소개 및 학습 전략

Voca

해당 유형의 주요 단어 소개

Example

실전보다 약간 쉽거나 축약된 형태의 문제로 TOSEL 시험 맛보기

Pattern Practice

실전보다 약간 쉽거나 축약된 형태의 문제로 TOSEL 시험 맛보기

Practice Test

실제 시험과 동일한 형태와 수준의 문제로 실전 연습하기

Appendix

TOSEL 시험에 나오는 어휘, 표현 정리

정답과 해설

practice test 속 문제 단어와 문제의 포인트를 잡는 명쾌한 해설

About this book

유형 분류 기준

유형분석집은 국내외 15,000여 개 학교·학원 단체응시인원 중 엄선한 100만 명 이상의 실제 응시 데이터를 기반으로 한 속성 분석 프로그램을 이용하여, 문제 유형을 분류한 것을 바탕으로 집필되었습니다.

01 파트별 유형 설명

TOSEL Starter 시험의 읽기와 쓰기 Section에는 **총 3개의 유형**으로 나뉘어 있습니다.
각 파트별 단원이 시작하기 전에 각각 어떤 문항이 출제되는지, 어떤 종류의 유형이 있는지, 총 몇 개의 문항으로 구성되는지 등 파트별 유형 설명을 한눈에 알아보기 쉽게 정리하였습니다.

02 파트별 학습 전략

각 파트는 세부 유형으로 나누어 학습합니다. 본격적인 유형 학습에 들어가기에 앞서 **각 파트별 알짜 학습 전략**을 친절하게 알려줍니다. 문항을 풀 때 **문항 접근 방식 및 풀이 전략, 유형별 학습 방법** 등 학습 전략을 참고하여 심도 있고 수준 높은 영어 학습을 하기 바랍니다.

03 유형별 핵심 단어

수월하게 문제를 풀고 이해할 수 있도록 각 파트 시작 전, **핵심 단어를 제시**했습니다.
본격적인 학습을 하기전에 단어를 암기하기 바랍니다.

About this book

04 3단계 유형 학습

각 파트는 **세부 유형**으로 구분됩니다. 각 유형 학습은 세 단계로 나누어 학습하도록 구성하였습니다.
1단계부터 3단계까지 차근차근 학습하다 보면 자연스레 유형을 습득할 수 있도록 구성하였습니다. 세 단계는 다음과 같습니다.

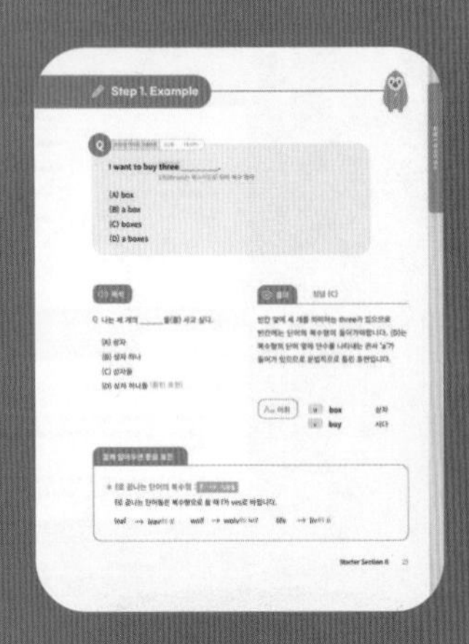

Step 1. Example

유형을 처음 익히는 단계이며, 유형마다 대표 예제가 한 문제씩 제시됩니다. 학습자는 대표 예제를 해석, 풀이, 어휘와 함께 보면서 해당 유형의 문제 형태를 익힐 수 있습니다.

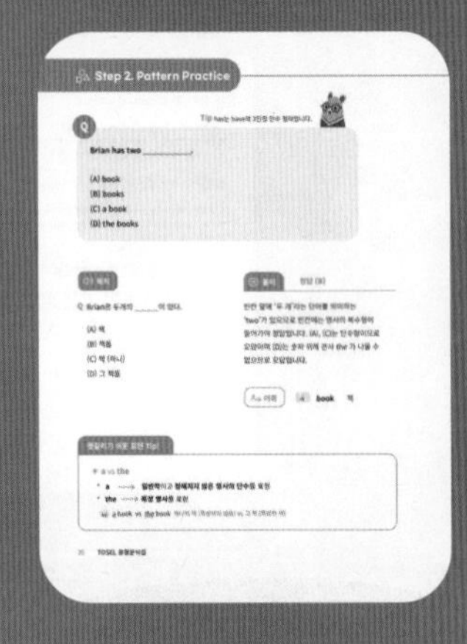

Step 2. Pattern Practice

유형과 친해지는 중간 단계이며, 각 유형마다 두 문항 정도가 출제됩니다.
본격적으로 학생들이 스스로 문제를 풀고, 문항 바로 다음에 해석과 해설을 꼼꼼히 수록하여 바로 정답을 확인할 수 있도록 하였습니다.
Step1 에서 제시한 예제와 같은 패턴의 문제를 연습 하는 것이 주목적입니다.

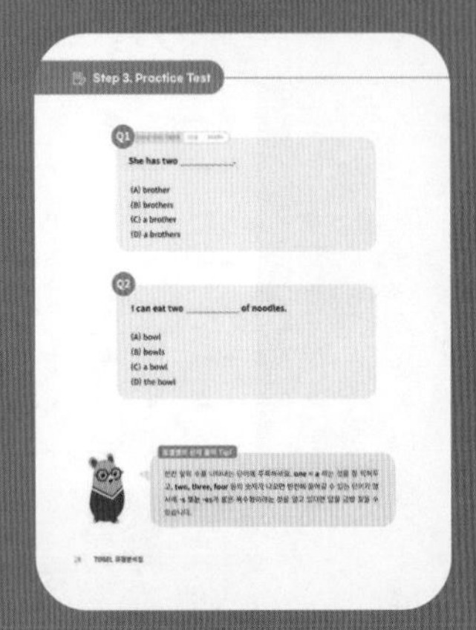

Step 3. Practice Test

유형을 완벽히 습득하는 마지막 단계이며, 각 유형마다 네 문항이 수록됩니다.
해석과 해설은 본문이 아닌, 별책인 정답 및 해설지에 따로 제공됩니다.
학생들이 스스로 실제 문항을 풀어 보며 유형을 완전히 숙지하는 단계입니다.

About this book

05 Appendix

Appendix에는 유형분석집에서 제시하고 있는 모든 단어를 알파벳 순으로 정리하여 제시하고 있습니다.

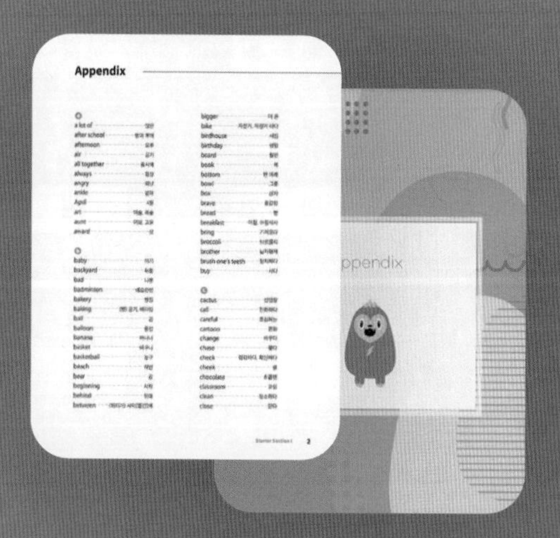

Appendix

단어들을 쉽게 찾고 공부할 수 있도록
유형분석집에 제시된 단어들을 알파벳 순으로 정리하여
제공하고 있습니다.

06 Answer

각 유형 Practice Test 단계에서 출제된 **문항의 해석과 해설이 수록**되어 있어 문제 풀이 후 자신의 학습 결과를 확인하고
복습할 수 있습니다.

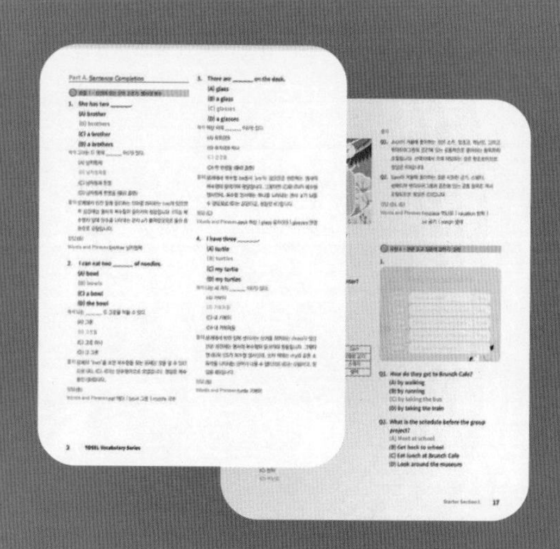

Answer

학생들이 스스로 문항을 풀어보는
Practice Test 단계의 문제 풀이 후 오답 여부를 확인할 수 있도록
문항에 대한 해석과 해설이 수록되어 있습니다.

Weekly Study Plan

4-WEEK Plan 단기간 안에 점수가 필요한 학습자를 위한 플랜

	Day 1	Day 2	Day 3	Day 4	Day 5
Week 1	Part A: 1 월 일	Part A: 2 월 일	Part A: 3 월 일	Part A: 4 월 일	Part A: 5 월 일
Week 2	Part A: 6 월 일	Part A: 7 월 일	Part B: 1 월 일	Part B: 2 월 일	Part B: 3 월 일
Week 3	Part B: 4 월 일	Part B: 5 월 일	Part C-1: 1,2 월 일	Part C-1: 3,4 월 일	Part C-1: 5 월 일
Week 4	Part C-1: 6 월 일	Part C-1: 7 월 일	Part C-2: 1 월 일	Part C-2: 2 월 일	Part C-2: 3 월 일

Weekly Study Plan

8-WEEK Plan 기초부터 실전까지 차근차근 정복하여 TOSEL 점수를 내고 싶은 학습자를 위한 플랜

	Day 1	Day 2	Day 3	Day 4	Day 5
Week 1	Part A: 1 (Step 1,2) 월 일	Part A: 1 (Step 3) 월 일	Part A: 2 (Step 1,2) 월 일	Part A: 2 (Step 3) 월 일	Part A: 3 (Step 1,2) 월 일
Week 2	Part A: 3 (Step 3) 월 일	Part A: 4 (Step 1,2) 월 일	Part A: 4 (Step 3) 월 일	Part A: 5 (Step 1,2) 월 일	Part A: 5 (Step 3) 월 일
Week 3	Part A: 6 (Step 1,2) 월 일	Part A: 6 (Step 3) 월 일	Part A: 7 (Step 1,2) 월 일	Part A: 7 (Step 3) 월 일	**Part A Review** 월 일
Week 4	Part B: 1 (Step 1,2) 월 일	Part B: 1 (Step 3) 월 일	Part B: 2 (Step 1,2) 월 일	Part B: 2 (Step 3) 월 일	Part B: 3 (Step 1,2) 월 일
Week 5	Part B: 3 (Step 3) 월 일	Part B: 4 (Step 1,2) 월 일	Part B: 4 (Step 3) 월 일	Part B: 5 (Step 1,2) 월 일	Part B: 5 (Step 3) 월 일
Week 6	**Part B Review** 월 일	Part C-1: 1 월 일	Part C-1: 2 월 일	Part C-1: 3 월 일	Part C-1: 4 월 일
Week 7	Part C-1: 5 월 일	Part C-1: 6 월 일	Part C-1: 7 월 일	Part C-2: 1 (Step 1,2) 월 일	Part C-2: 1 (Step 3) 월 일
Week 8	Part C-2: 2 (Step 1,2) 월 일	Part C-2: 2 (Step 3) 월 일	Part C-2: 3 (Step 1,2) 월 일	Part C-2: 3 (Step 3) 월 일	**Part C Review** 월 일

Table of Contents

Intro

TOSEL 소개 2

About TOSEL - TOSEL에 관하여

Why TOSEL - 왜 TOSEL인가

Evaluation - 평가

특전 - 학업성취기록부 등재 및 명예의 전당

성적표 및 인증서 - 성적표 연계 유형분석집 200% 활용팁

About this book 12

Weekly Study Plan 16

Table of Contents 18

Answers **별책**

정답과 해설

Section II. Reading & Writing

Part A
빈칸에 맞는 단어 고르기

유형1 명사의 복수 24
유형2 대명사 30
유형3 소유격과 목적격 36
유형4 be동사 42
유형5 일반동사 48
유형6 의문사 54
유형7 전치사 60

Part B
그림에 알맞은 단어 찾기

유형1 명사 70
유형2 동사 76
유형3 전치사 82
유형4 시간/날짜 88
유형5 부사/형용사 94

Part C-1
실용문 읽고 질문에 답하기

유형1 초대장 104
유형2 메뉴 110
유형3 도표/차트/그래프 116
유형4 일정 122
유형5 안내문 128
유형6 지시문 134
유형7 기타 실용문 140

Part C-2
본문 읽고 질문에 답하기

유형1 제목/주제 찾기 150
유형2 장소/시간 156
유형3 특정 정보 파악 162

Appendix 168

Part A Sentence Completion

Part A 유형설명

유형	세부 내용	문항 수
빈칸에 맞는 단어 고르기	1. 명사의 복수	각 유형이 골고루 출제됨
	2. 대명사	
	3. 소유격과 목적격	
	4. be 동사	
	5. 일반동사	
	6. 의문사	
	7. 전치사	
총 7개 유형		총 5문항

DIRECTION

1. 1-5번까지 총 5문항으로 구성됩니다.

2. 각 문제에서는 빈칸이 있는 문장이 주어지고, 빈칸에 들어갈 선택지 (A)부터 (D)가 주어집니다. 네 개의 선택지 중에서 빈칸에 들어갈 가장 적절한 답을 고르는 문제입니다.

3. 명사, 동사, 의문사 등 다양한 문법 요소가 골고루 출제되므로, 기본적인 문법 요소의 개념과 문법의 규칙을 미리 공부해두어야 합니다.

Part Ⓐ 는 이렇게 준비하자!

❶ 기본적인 문법을 미리 익혀두자!

Part A에서는 기본 문법을 잘 이해하고 있는지 확인하는 문제들이 자주 출제됩니다. 명사의 복수형, 대명사, 소유격과 목적격, be동사, 일반동사, 의문사, 전치사 각 유형에 자주 나오는 기본 문법과 패턴을 잘 익혀둔다면 문제 풀이가 수월해집니다.

❷ 문맥과 문법 요소의 쓰임을 함께 파악하자!

이 유형의 선택지에서는 문장 및 표현의 의미를 파악하는 것과 동시에 문법 요소에 맞는 답을 고르는 것이 필요합니다. 의미와 문법 요소를 동시에 생각하며 답을 골라야 정답률을 높일 수 있습니다.

❸ 자주 쓰이는 표현을 묶어서 외워두자!

There is/There are, How old/How much 처럼 거의 항상 함께 묶어서 문제에 등장하는 표현들을 사전에 공부해둔다면 문제를 풀 때 보다 빠르고 정확하게 정답을 고를 수 있습니다

VOCA

n	**basketball**	농구 
v	**feed**	먹이를 주다
n	**friend**	친구
adj	**new**	새로운
n	**glasses**	안경 
n	**turtle**	거북이 
n	**bowl**	그릇
n	**noodle**	국수 
n	**student**	학생
n	**teacher**	선생님 
adj	**late**	늦은
n	**pillow**	베개
v	**drive**	운전하다
v	**exercise**	운동하다
n	**birthday**	생일
v	**call**	전화하다

유형 1
명사의 복수

명사의 복수형을 이해하고 문장에서 쓸 수 있는지를 확인하는 유형입니다.
문장에서 명사의 단수와 복수를 구분하는 방법과
명사의 복수형 규칙을 잘 공부하고 익혀둔다면 정답률을 높일 수 있습니다.

명사의 복수형 규칙

단어 끝에 -s 또는 -es를 붙입니다.
단어가 y로 끝나는 경우엔 y를 i로 바꾸고 es를 붙여줍니다.

-s	-es	y → -ies
apple → apples	tomato → tomatoes	baby → babies
cup → cups	box → boxes	story → stories

Step 1. Example

Q 2019년 TOSEL 기출문제 정답률 73.17%

I want to buy three ________.

3개(three)는 복수이므로 뒤에 복수 명사

(A) box

(B) a box

(C) boxes

(D) a boxes

해석

Q 나는 세 개의 ______을(를) 사고 싶다.

(A) 상자

(B) 상자 하나

(C) 상자들

(D) 상자 하나들 (틀린 표현)

풀이

정답 (C)

빈칸 앞에 세 개를 의미하는 three가 있으므로 빈칸에는 단어의 복수형이 들어가야합니다. (D)는 복수형의 단어 앞에 단수를 나타내는 관사 'a'가 들어가 있으므로 문법적으로 틀린 표현입니다.

Aa 어휘

n	**box**	상자
v	**buy**	사다

함께 알아두면 좋을 표현

＊ f로 끝나는 단어의 복수형 : f → -ves

f로 끝나는 단어들은 복수형으로 쓸 때 f가 ves로 바뀝니다.

leaf → leaves 잎　　wolf → wolves 늑대　　life → lives 삶

Step 2. Pattern Practice

Tip has는 have의 3인칭 단수 형태입니다.

Q

Brian has two ___________.

(A) book
(B) books
(C) a book
(D) the books

해석

Q Brian은 두개의 _______이 있다.

(A) 책
(B) 책들
(C) 책 (하나)
(D) 그 책들

풀이

정답 (B)

빈칸 앞에 '두 개'라는 단어를 의미하는 'two'가 있으므로 빈칸에는 명사의 복수형이 들어가야 정답입니다. (A), (C)는 단수형이므로 오답이며 (D)는 숫자 뒤에 관사 the 가 나올 수 없으므로 오답입니다.

Aa 어휘

n **book** 책

헷갈리기 쉬운 표현 Tip!

∗ **a** vs **the**

- **a** ⟶ **일반적**이고 **정해지지 않은 명사의 단수**를 표현
- **the** ⟶ **특정 명사**를 표현

ex a book vs the book 하나의 책 (특정하지 않음) vs 그 책 (특정한 책)

Tip 문장에서 수를 나타내는 단어를 찾고 단수인지 복수인지를 파악해보세요.

I see three ___________.

(A) bear
(B) a bear
(C) bears
(D) a bears

해석

Q 나는 세 마리의 _______을 본다.

(A) 곰
(B) 곰 한 마리
(C) 곰들
(D) 곰 한 마리들 (틀린 표현)

풀이 정답 (C)

빈칸 앞에 '세 개'라는 단어를 의미하는 'three'가 있으므로 빈칸에는 명사의 복수형이 들어가야 정답입니다. (A), (B)는 단수형이므로 오답이며 (D)는 단수를 나타내는 관사 a가 붙어있어 문법적으로 틀린 표현입니다.

Aa 어휘

n	**bear**	곰
v	**see**	보다

헷갈리기 쉬운 표현 Tip!

＊ glass: 유리 / glasses: 안경

안경은 알이 두 개가 한 쌍이기 때문에 항상 복수명사입니다. 복수형이 아닌 단수형 'glass'는 유리를 나타낸다는 것을 기억하세요!

Step 3. Practice Test

Q1 2018년 TOSEL 기출문제 | 정답률 86.42%

She has two ____________.

(A) brother

(B) brothers

(C) a brother

(D) a brothers

Q2

I can eat two ____________ of noodles.

(A) bowl

(B) bowls

(C) a bowl

(D) the bowl

토셀쌤의 문제 풀이 Tip!

빈칸 앞의 수를 나타내는 단어에 주목하세요. **one = a** 라는 것을 잘 익혀두고, **two, three, four** 등의 숫자가 나오면 빈칸에 들어갈 수 있는 단어가 명사에 **-s 또는 -es**가 붙은 복수형이라는 것을 알고 있다면 답을 금방 찾을 수 있습니다.

Q3 2019년 TOSEL 기출문제 정답률 73.17%

There are ________ on the desk.

(A) glass
(B) a glass
(C) glasses
(D) a glasses

Q4 2018년 TOSEL 기출문제 정답률 78.15%

I have three ____________.

(A) turtle
(B) turtles
(C) my turtle
(D) my turtles

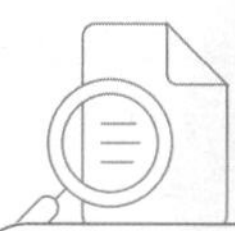

최신 기출 경향

기출문제의 선택지에 소유격을 나타내는 형용사인 **'my'**가 같이 붙어서 나오는 것에 주목하세요. 숫자 뒤에는 소유형용사가 나올 수 없으므로, 빈칸 앞에 숫자가 나와있다면 소유형용사가 같이 붙어있는 형태는 답이 될 수 없습니다.

ex two **my** books (X) two books (O)

유형 2
대명사

대명사의 형태를 이해하고 문장에서 적절한 동사와 함께 쓸 수 있는지를
확인하는 유형입니다. 대명사의 인칭과 단수/복수 등 다양한 대명사를
문장에서 활용할 수 있도록 알아두면 정답을 찾는데 도움이 될 것입니다.
주어의 인칭과 단/복수에 맞는 be동사와 일반동사의 형태를 미리 학습해둡시다.

대명사와 동사의 형태

	단수			복수		
	주어	be동사	일반동사	주어	be동사	일반동사
1인칭 (나)	I	am	동사원형	We	are	동사원형
2인칭 (너)	you	are	동사원형	You	are	동사원형
3인칭 (그, 그녀, 그것)	he	is	동사원형-s/es	They	are	동사원형
	she	is	동사원형-s/es	They	are	동사원형
	it	is	동사원형-s/es	They	are	동사원형

Step 1. Example

Q 2019년 TOSEL 기출문제 정답률 73.17%

________ **writes a diary every day.**
동사 뒤에 -s는 주어가 3인칭 단수일 때

(A) I
(B) We
(C) She
(D) They

해석

Q ______(는)은 매일 일기를 쓴다.

(A) 나
(B) 우리
(C) 그녀
(D) 그들

풀이

정답 (C)

빈칸 뒤에 나온 동사는 동사원형에 -s가 붙은 형태로 주어는 3인칭 단수만 쓰일 수 있습니다.
따라서 3인칭 단수인 'She'가 알맞으므로 (C)가 정답입니다. 3인칭 단수에는 'he, she, it' 등이 있다는 것도 알아둡시다.

Aa 어휘

v	**write**	쓰다
n	**diary**	일기
phr	**every day**	매일

함께 알아두면 좋을 표현

＊ 3인칭 단수동사 변형 규칙

- -o, ch, sh등으로 끝나는 경우

go → goes 가다　teach → teaches 가르치다
do → does 하다　wash → washes 씻다

- -y로 끝나는 경우

dry → dries 말리다　try → tries 시도하다
cry → cries 울다　worry → worries 걱정하다

Step 2. Pattern Practice

Tip 빈칸 뒤의 단어가 일반동사인지 be동사인지 파악해보세요!

Q

_______ **goes fishing today.**

(A) I
(B) He
(C) I am
(D) He is

해석

Q _______ 는 오늘 낚시를 하러 간다.

(A) 나
(B) 그
(C) 나는
(D) 그는

풀이 정답 (B)

빈칸 뒤에 나온 동사는 동사원형에 -es가 붙은 형태로 주어는 3인칭 단수만 쓰일 수 있습니다. 또한 문장에 일반동사 'goes'가 있으므로 다른 be동사를 함께 쓸 수 없습니다. 따라서 3인칭 단수 'He'만 있는 (B)가 정답입니다.

Aa 어휘

phr	**go fishing**	낚시하러 가다
n	**today**	오늘

헷갈리기 쉬운 표현 Tip!

∗ **be동사** vs **일반동사**

일반적으로 한 문장에는 하나의 동사만 있을 수 있다는 규칙이 있습니다.
따라서 be동사와 일반동사가 함께 나오게 되는 선택지가 있으면 오답일 확률이 높다는 것을 기억하세요!

Q

Tip be동사 'are'이 쓰이는 주어는 어떤 것들이 있는지 생각해보세요!

_____________ are good friends.

(A) I
(B) It
(C) She
(D) They

해석

Q _______ (는)은 좋은 친구들이다.

(A) 나
(B) 그것
(C) 그녀
(D) 그들

풀이 정답 (D)

빈칸 뒤에 are이 있다는 것은 빈칸 즉 주어 자리에 2인칭 주어 'you'와 3인칭 복수주어 'they'가 올 수 있다는 것을 의미합니다. 선택지에서 2인칭 주어/3인칭 복수 주어는 'They' 밖에 없으므로 (D)가 정답입니다.

Aa 어휘 n **friend** 친구

함께 알아두면 좋을 표현

*** 복수형 주어와 함께 쓰이는 'are'**

be동사 'are'은 복수형 주어에 쓰이므로 다음과 같은 주어들과도 함께 쓰일 수 있습니다.

ex **She and I are** best friends.
그녀와 나는 가장 친한 친구이다.

Mark and Jim are students.
Mark와 Jim은 학생들이다.

Step 3. Practice Test

Q1 2018년 TOSEL 기출문제 정답률 86.42%

__________ go to the park on Sundays.

(A) I

(B) It

(C) He

(D) She

Q2

Are __________ students?

(A) I

(B) he

(C) she

(D) they

토셀쌤의 문제 풀이 Tip!

빈칸의 위치가 동사 앞에 있거나 뒤에 있어도, 동사의 형태에 잘 집중한다면 적절한 답을 찾을 수 있습니다. **동사의 형태를 보고 어떤 주어가 빈칸에 들어갈 수 있을지** 잘 생각해보세요!

Q3 2019년 TOSEL 기출문제 정답률 73.17%

__________ don't have an eraser.

(A) I
(B) He
(C) She
(D) I am

Q4 2018년 TOSEL 기출문제 정답률 59.12%

__________ exercise every night.

(A) It
(B) He
(C) She
(D) They

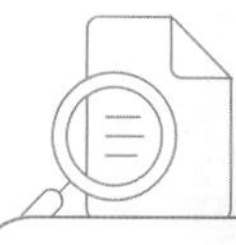

최신 기출 경향

일반동사의 앞에 'don't'나 'doesn't'가 온다면 '~하지 않는다'라는 의미의 부정문 형태가 됩니다. **'doesn't'**는 **3인칭 단수주어**와 함께 쓰이며 'don't'는 1인칭 단수/복수, 2인칭 단수/복수, 그리고 3인칭 복수 주어와 함께 나온다는 것을 기억하세요.

유형 3
소유격과 목적격

대명사의 소유격, 목적격 그리고 소유대명사를 이해하고 문장에서 알맞게 쓸 수 있는지를 확인하는 유형입니다. 특히 소유격과 소유대명사를 구분할 수 있는지를 묻는 문제가 자주 출제되는 편이니 대명사 격의 이해뿐만 아니라 문장의 의미를 잘 해석하여 어떤 형태의 대명사가 쓰여야 알맞은지를 종합적으로 판단해야 합니다.

인칭대명사의 격과 단수/복수

		주격	소유격	목적격	소유대명사
단수	1인칭 (나)	I	my	me	mine
	2인칭 (너)	you	your	you	yours
	3인칭 (그, 그녀, 그것)	he	his	him	his
		she	her	her	hers
		it	its	it	
복수	1인칭 (우리)	we	our	us	ours
	2인칭 (너희들)	you	your	you	yours
	3인칭 (그들)	they	their	them	theirs

Step 1. Example

Q 2019년 TOSEL 기출문제 | 정답률 32.16%

I'm calling ________ on the phone.

빈칸은 call의 목적어 자리이므로 목적격이 와야 합니다.

(A) my
(B) our
(C) her
(D) she

해석

Q 나는 ______ 전화를 한다.

(A) 나의
(B) 우리의
(C) 그녀에게
(D) 그녀

풀이

정답 (C)

동사 뒷 자리에 위치한 빈칸에 들어갈 적절한 말은 '그녀에게'로 목적격이 적합합니다. 4개의 선택지 중 목적격의 형태는 'her'뿐이므로 (C)가 정답입니다.

Aa 어휘

v	**call**	전화하다
n	**phone**	전화(기)

헷갈리기 쉬운 표현 Tip!

* 소유격과 목적격의 형태가 같은 경우

'her'은 소유격과 목적격의 형태가 같으므로, 문맥을 잘 파악하고 헷갈리지 않도록 주의하세요.

ex I give **her** a present.
나는 그녀에게 선물을 준다. → 목적격

I like **her** shoes.
나는 그녀의 신발이 좋다. → 소유격

Step 2. Pattern Practice

Q

Tip 소유격 뒤에는 명사가 반드시 와야하며, 소유대명사는 명사와 쓰일 수 없어요!

Where is ____________ pillow?

(A) you
(B) your
(C) hers
(D) theirs

해석

Q 어디에 ______ 베개가 있니?

(A) 너
(B) 너의
(C) 그녀의 것
(D) 그들의 것

풀이 정답 (B)

빈칸의 뒤에 명사인 'pillow'가 나왔고 이 명사를 수식해주는 소유격이 쓰여야 한다는 것을 알 수 있으므로 (B)가 정답입니다.

Aa 어휘 n **pillow** 베개

헷갈리기 쉬운 표현 Tip!

＊ 소유격과 소유대명사의 형태가 같은 경우

소유격과 소유대명사의 형태가 같은 대명사가 있습니다.
문맥을 잘 생각한다면 어느 형태가 와야 적절한지 정확하게 파악할 수 있습니다

- his / his 그의 / 그의 것

Tip 비교대상이 무엇인지 생각해보세요. 'Your feet(네 발)'의 비교대상은 무엇일까요?

Q

Your feet are bigger than ___________ .

(A) I

(B) me

(C) my

(D) mine

해석

Q 너의 발은 _______ 보다 크다.

(A) 나는

(B) 나/나를

(C) 나의

(D) 나의 것

풀이 정답 (D)

문장을 의미를 봤을 때 '너의 발은 나의 발보다 더 크다'로 'your feet(너의 발)'과 'my feet(나의 발)'을 비교하고 있습니다. 4개의 선택지에서 'my feet'는 없지만 'my'와 'feet'를 함께 표현한 소유대명사 'mine'이 있으므로 (D)가 정답입니다.

Aa 어휘

n	**feet**	발
adj	**big**	큰
prep	**than**	~보다

헷갈리기 쉬운 표현 Tip!

＊ 비교급 문장에서의 격

비교급 문장에서는 특히 격을 주의해야합니다.

ex Your bag is heavier than **me**. → (×)
너의 가방은 나보다 무겁다

Your bag is heavier than **mine**. → (○)
너의 가방은 나의 가방보다 무겁다

Step 3. Practice Test

Q1

Can you please feed __________ cat?

(A) us
(B) we
(C) our
(D) ours

Q2

He gives __________ some gifts.

(A) us
(B) hers
(C) they
(D) mine

토셀쌤의 문제 풀이 Tip!

빈칸 뒤에 명사가 있다고 해서 언제나 소유격이 정답은 아닙니다. **문맥에 따라서 소유격 또는 목적격이 정답이 될 수 있으니** 문장의 의미를 잘 파악하고 어느 형태가 들어가야 문장이 자연스럽게 완성이 되는지 확인하세요.

Q3 2020년 TOSEL 기출문제 정답률 73.17%

My sister loves ________ new dress.

(A) it
(B) he
(C) her
(D) she

Q4 2019년 TOSEL 기출문제 정답률 78.15%

Look at __________.

(A) he
(B) him
(C) she
(D) your

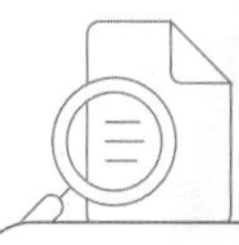

최신 기출 경향

해당 유형에서는 4개의 선택지에 주격, 목적격, 소유격, 소유대명사가 골고루 제시되는 경우가 많습니다. 빈칸의 자리가 어디인지와 **문장의 의미**를 잘 살펴보고 주격, 목적격, 소유격, 소유대명사의 형태를 헷갈리지 않고 고르도록 주의해야 합니다.

유형 4
be동사

다양한 주어와 함께 쓰일 수 있는 be동사를 알맞게 사용할 수 있는지를 묻는 유형입니다.
주어의 인칭과 수에 맞는 be동사를 공부해 두면 시험에 대비할 수 있습니다.
선택지에 be동사가 아닌 일반동사가 나오는 경우도 있으니 문장 안에서 be동사를 써야할 지 일반동사를 써야할지 잘 생각해서 답을 골라야 합니다.

be동사의 쓰임

		주어	be동사
단수	1인칭 (나)	I	am
	2인칭 (너)	you	are
	3인칭 (그, 그녀, 그것)	he	is
		she	
		it	
복수	1인칭 (우리)	we	are
	2인칭 (너희들)	you	
	3인칭 (그들)	they	

be동사의 활용
주어를 설명할 때
I am hungry. 나는 배고프다.
She is a student. 그녀는 학생이다.
현재진행 시제의 동사를 만들 때
We are going to school. 우리는 학교에 가는 중이다.
Is he coming now? 그는 지금 오고 있니?

Step 1. Example

Q 2020년 TOSEL 기출문제 정답률 88.40%

_________ **it a tiger?**

it과 함께 쓸 수 있는 be동사는 무엇일까요?

(A) Is

(B) Do

(C) Are

(D) Does

해석

Q 그것 ______ 호랑이니?

(A) ~은/는 (be동사)

(B) 일반동사 의문문 (1·2인칭 복수, 3인칭 복수)

(C) ~들은 (be동사)

(D) 일반동사 의문문 (3인칭 단수)

풀이

정답 (A)

주어인 it이 호랑이인지 아닌지를 묻는 의문문으로 빈칸에는 'it' 주어를 설명하는 be동사가 필요합니다. 주어 it에 맞는 be동사는 Is이므로 (A)가 정답입니다. Do/Does는 일반동사 앞에 쓰여 부정문이나 의문문을 만들때 쓰이므로 오답입니다.

Aa 어휘

n **tiger** 호랑이

헷갈리기 쉬운 표현 Tip!

＊ be동사 vs do동사

주어와 함께 명사/형용사가 나오는지 아니면 동사원형이 나오는지를 확인하면 빈칸에 be동사가 들어가야할지 일반동사의 조동사 역할을 하는 do동사가 들어가야 할지를 알 수 있습니다.

ex **Is** it a **tiger**? 그것은 호랑이니? **Is** she **pretty**? 그녀는 예쁘니? / **Does** it **run** fast? 그것은 빠르게 달리니?

Step 2. Pattern Practice

Tip 주어의 위치를 표현하는 문장입니다.

Q

I ___________ at school.

(A) is
(B) am
(C) are
(D) have

해석

Q 나 ______ 학교에 있다.

(A) be 동사 (3인칭 단수)
(B) be 동사 (1인칭 단수)
(C) be 동사 (1인칭 복수, 2인칭 단·복수, 3인칭 복수)
(D) 가지고 있다

풀이 정답 (B)

문맥상 주어의 위치를 나타낼 수 있는 be동사가 들어와야 적절하며, 1인칭 주어인 I와 쓰이는 be동사는 am이므로 (B)가 정답입니다.

어휘 n **school** 학교

함께 알아두면 좋을 표현

＊ 위치를 나타내는 be동사

be동사가 전치사인 at, in, on 등과 함께 쓰이면 위치를 나타내는 표현이 될 수 있습니다.

ex She **is in** her room. 그녀는 그녀의 방 안에 있다.
The cat **is on** the sofa. 고양이는 소파 위에 있다.

Q

Tip 지문에 나와있는 동사에 -ing가 붙어있는 것에 주목하세요!

Where ____________ you going?

(A) is
(B) do
(C) are
(D) does

해석

Q 너 ______ 어디 가니?

(A) be 동사 (3인칭 단수)
(B) 일반동사 조동사 (1인칭 단·복수, 3인칭 복수)
(C) be 동사 (1인칭 복수, 2인칭 단·복수, 3인칭 복수)
(D) 일반동사 조동사

풀이 정답 (C)

주어 'you'와 'going'을 보고 빈칸에 들어갈 be 동사를 찾는 문제입니다. 2인칭 you에 맞는 be 동사는 'are'이므로 (C)가 정답입니다.
go의 형태가 원형으로 나와있지 않기 때문에 do동사는 쓸 수 없어서 (B)와 (D)는 오답입니다.

Aa 어휘

 **go** 가다

헷갈리기 쉬운 표현 Tip!

＊ 의문문의 be동사 vs do동사

의문문에서는 함께 나오는 동사의 형태에 주의하여 문제를 풀어야합니다.

ex Where _______ you going? → are (**be동사 + ing : 현재 진행형**)
Where _______ you go? → do (**do동사 + 동사원형 : 현재형**)

Step 3. Practice Test

Q1

There ___________ a cup on the desk.

(A) is
(B) am
(C) are
(D) does

Q2

Children ___________ playing basketball.

(A) is
(B) do
(C) am
(D) are

토셀쌤의 문제 풀이 Tip!

명사의 **복수형이지만 단어 뒤에 -(e)s가 붙지않는 단어**들에 특히 주의하세요. 이러한 단어들을 미리 공부해놓는다면 정답률을 높일 수 있습니다!

ex childern 아이들 people 사람들 men 남자 women 여자 feet 발(두개)

Q3 2020년 TOSEL 기출문제 정답률 82.86%

There ________ many people.

(A) is
(B) am
(C) are
(D) will

Q4

A baby ___________ crying loudly.

(A) is
(B) do
(C) are
(D) does

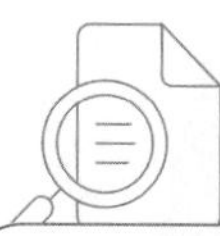

최신 기출 경향

There is / There are 은 시험에 자주 출제되는 표현으로 '~가(들이) 있다' 로 해석됩니다.
There is - = 단수, There are - = 복수 라는 것을 숙지해놓고 지문의 명사에 맞는 be동사를 고르세요.

ex There **is a** bag. 가방이 하나 있다. There **are four** students. 네 명의 학생들이 있다.

유형 5
일반동사

다양한 주어와 함께 쓰일 수 있는 일반동사를 알맞게 사용할 수 있는지를 묻는 유형입니다. 시험에 자주 출제되는 일반동사를 알아두고, 주어에 따라 어떤 형태의 일반동사가 함께 쓰일 수 있는지도 알아두어야 합니다. 선택지에 be동사+ing 형태의 현재진행시제 동사가 나오는 경우도 있으니 문장 안에서 일반동사를 써야할지, 현재진행시제 동사를 써야할지 잘 판단해야 합니다.

주어에 따른 동사의 형태와 시제

주어		현재형	현재진행형
단수	1인칭 (I)	동사원형	am + 동사-ing
	2인칭 (you)	동사원형	are + 동사-ing
	3인칭 (she, he, it)	동사 -(e)s	is + 동사-ing
복수	1인칭 (we)	동사원형	are + 동사-ing
	2인칭 (you)		
	3인칭 (they)		

일반동사	
자주 쓰이는 일반동사	
write 쓰다	**cry** 울다
dance 춤추다	**talk** 말하다
move 움직이다	**eat** 먹다
drive 운전하다	**look** 보다
study 공부하다	
play 놀다, (악기를)연주하다, 경기를 하다	

Step 1. Example

Q 2020년 TOSEL 기출문제 | 정답률 88.40%

I ________ with the dog.

주어 'I'와 함께 쓸 수 있는 일반동사는 무엇일까요?

(A) play
(B) plays
(C) playing
(D) am play

해석

Q 나는 개와 ______ .

(A) 논다 (1·2인칭 단·복수, 3인칭 복수)
(B) 논다 (3인칭 단수)
(C) 노는 중
(D) ~이다, 논다 (틀린 표현)

풀이 정답 (A)

문장의 빈칸은 동사 자리로 'I'와 함께 쓸 수 있는 동사를 골라야합니다. 올바른 동사 형태는 (A)와 (B)인데 'I'와 함께 쓸 수 있는 동사는 '-s'가 붙지 않은 동사 원형이므로 정답은 (A)입니다.

Aa 어휘

n	**dog**	개
v	**play**	놀다

헷갈리기 쉬운 표현 Tip!

＊ 'play'의 다양한 뜻

play는 다양한 의미를 가지고 있어 주의해야 하는 단어입니다.

- **동사** play + 스포츠 스포츠를 하다 play + the 악기 악기를 연주하다 play games 게임하다
- **명사** play 연극

Step 2. Pattern Practice

Q

Tip 문장에 be동사가 있다면 함께 어떤 동사형태가 올 수 있는지 먼저 확인해보세요.

Why is she ___________ ?

(A) run
(B) runs
(C) runing
(D) running

해석

Q 왜 그녀는 ______ 이니?

(A) 달리다 (1·2인칭 단·복수, 3인칭 복수)
(B) 달리다 (3인칭 단수)
(C) (틀린 표현)
(D) 달리는 중

풀이

정답 (D)

지문에 be동사가 나와있으므로 일반동사에 -ing가 붙어 현재진행형 동사 시제를 만들어 주어야 알맞은 형태이므로 정답은 (D)입니다.

Aa 어휘

 **run** 달리다

함께 알아두면 좋을 표현!

＊ -ing 형태 규칙

동사 뒤에 -ing를 붙일 때 자음을 한 번 더 붙여주는 규칙을 학습해두세요.

ex run 달리다 → running   dig 파다 → digging   sit 앉다 → sitting
stop 멈추다 → stopping   shop 쇼핑하다 → shopping   win 이기다 → winning

Tip 주어가 몇 인칭인지와 단수인지 복수인지를 생각해 보세요!

Q 2020년 TOSEL 기출문제 정답률 41.36%

She ____________ very fast.

(A) drive
(B) driver
(C) drives
(D) driving

해석

Q 그녀는 아주 빠르게 ______ .

(A) 운전한다 (1·2인칭 단·복수, 3인칭 복수)
(B) 운전하는 사람
(C) 운전한다 (3인칭 단수)
(D) 운전하는 중

풀이 정답 (C)

주어가 3인칭 단수이며 be동사가 없기 때문에 일반 동사에 -(e)s가 붙은 형태가 나와야하므로 정답은 (C)입니다.

Aa 어휘

adv	**fast**	빠르게
v	**drive**	운전하다

헷갈리기 쉬운 표현 Tip!

∗ -ing 형태 규칙

drive처럼 -e로 끝나는 동사들을 -ing가 붙은 형태로 만들때 'e'를 지우고 -ing를 붙입니다.

ex move 움직이다 → moving　take 가져가다 → taking　make 만들다 → making
dance 춤추다 → dancing　save 구하다 → saving　write 쓰다 → writing

Step 3. Practice Test

Q1

My sister __________ hard.

(A) study

(B) studys

(C) studies

(D) studying

Q2

They __________ very fast.

(A) walk

(B) walks

(C) walking

(D) is walking

토셀쌤의 문제 풀이 Tip!

-y로 끝나는 3인칭 단수 일반동사 규칙

-y로 끝나는 동사는 'y'를 지우고 -ies를 붙여서 3인칭 단수 동사 형태를 만들어줍니다.

ex study 공부하다 → studies cry 울다 → cries fly 날다 → flies

Q3

I ________ pizza for lunch.

(A) eat
(B) eats
(C) eating
(D) am eat

Q4 2019년 TOSEL 기출문제 정답률 40.76%

Kate and Mia ___________ together.

(A) play
(B) plays
(C) playes
(D) playing

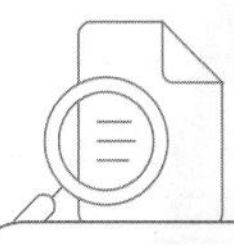

최신 기출 경향

주어진 선택지에서 현재시제와 현재진행시제가 함께 등장하기 때문에 주어만 보고 답을 고른다면 실수할 수도 있습니다. 문장에 be동사가 있는지를 확인하고 **일반동사의 현재시제인지** 아니면 **be+-ing 형태의 현재진행시제인지**를 판단해서 답을 골라야 정확한 정답을 고를 수 있습니다.

유형 6
의문사

빈칸에 알맞는 의문사를 찾아 문장을 완성하는 유형입니다.
각각의 의문사를 사용하는 상황과 의미를 잘 알아두어야 알맞은 정답을 고를 수 있습니다.

의문사의 상황과 의미

의문사	상황	의미
what	대상	무엇
where	장소	어디서
why	이유	왜
when	시간	언제
who	사람	누가
whose	사람 - 소유	누구의 ~
how	방법	어떻게
which	선택	어떤/어떤 것

Step 1. Example

Q 2020년 TOSEL 기출문제 | 정답률 88.40%

_________ **are you late?**

네가 늦은 이유를 묻고 있는 상황

(A) Who

(B) Why

(C) Which

(D) Where

해석

Q 너 _______ 늦었니?

(A) 누구

(B) 왜

(C) 어느 것을

(D) 어디

풀이 정답 (B)

문맥상 늦은 것에 대한 이유를 묻는 것이 적절하므로 이유를 묻는 의문사인 (B)가 정답입니다.
(A)는 이미 가리키는 대상인 'you'가 있으므로 'who'가 올 수 없기 때문에 오답입니다.

Aa 어휘 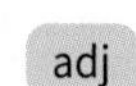 **late** 늦은

헷갈리기 쉬운 표현 Tip!

＊ 적절한 의문사 고르기

빈칸 뒤에 'are you ~'라는 표현이 나올 때는 적절한 의문사를 고르는 것에 특히 주의하세요.
뒤의 단어의 뜻에 따라 의문사가 달라질 수 있기 때문입니다.

ex **Where are you** going? 어디를 가고 있니?
Who are you meeting? 누구를 만나고 있니?
What are you doing? 무엇을 하고 있니?

Step 2. Pattern Practice

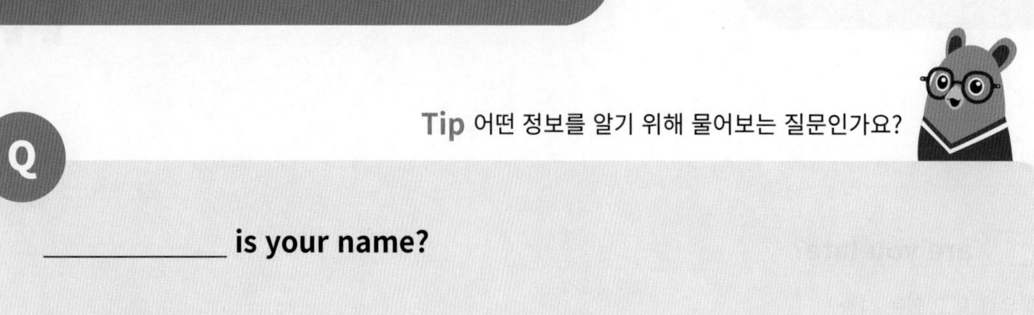

Tip 어떤 정보를 알기 위해 물어보는 질문인가요?

Q

__________ is your name?

(A) Why

(B) Who

(C) What

(D) When

해석

Q 너의 이름은 ______ 이니?

(A) 왜

(B) 누구

(C) 무엇

(D) 언제

풀이 정답 (C)

뒤에 'your name'이 있어 이름이 '무엇'인지를 묻는 표현인 (C)가 정답입니다. (A), (B), (D)는 문맥상 어울리지 않으므로 오답입니다.

Aa 어휘 n **name** 이름

헷갈리기 쉬운 표현 Tip!

＊ 전체 문장 외우기

이름, 나이, 생일 등을 물어보는 질문은 전체 문장을 외워두는 것이 좋습니다.

- **What** is your **name**?
  이름이 뭐니?
- **How old** are you?
  몇 살이니?
- **When** is your **birthday**?
  생일이 언제니?

Q

Tip 주어진 단어를 보고 어떤 문맥인지 잘 살펴보세요.

__________ does he live?

(A) Who

(B) What

(C) Where

(D) Whose

해석

Q 그는 ______ 사니?

(A) 누가

(B) 무엇

(C) 어디에

(D) 누구의

풀이 정답 (C)

뒤에 나온 단어 'live'를 통해 어디에 사는지를 묻고 있는 질문임을 알 수 있습니다. 따라서 장소를 물어보는 의문사인 (C)가 정답입니다.

Aa 어휘  v **live** 살다

함께 알아두면 좋을 표현

*** 의문사와 함께 쓰이는 표현**

각 의문사와 어울리는 표현들을 공부해 두면 문제를 풀 때 정답을 쉽게 찾을 수 있습니다.

- where — live, go 살다, 가다
- who — person 사람
- when — day, birthday 날, 생일
- how — old, much/many 나이가 … 인, 많은

Step 3. Practice Test

Q1

_____________ do you go to bed?

(A) Who
(B) When
(C) Where
(D) Which

Q2 2020년 TOSEL 기출문제 정답률 74.61%

_____________ likes seafood?

(A) Who
(B) How
(C) When
(D) Where

토셀쌤의 문제 풀이 Tip!

의문사 문제는 **문장의 흐름을 잘 파악하는 것**이 중요합니다!
따라서 문장을 읽은 후 각 선택지들을 빈칸에 넣어가며 문장의 의미가 완성되는지를 생각해본다면 답을 찾는데 도움이 될 것입니다.

Q3

_________ many people are there?

(A) How
(B) Who
(C) What
(D) Where

Q4

2017년 TOSEL 기출문제 | 정답률 89.15%

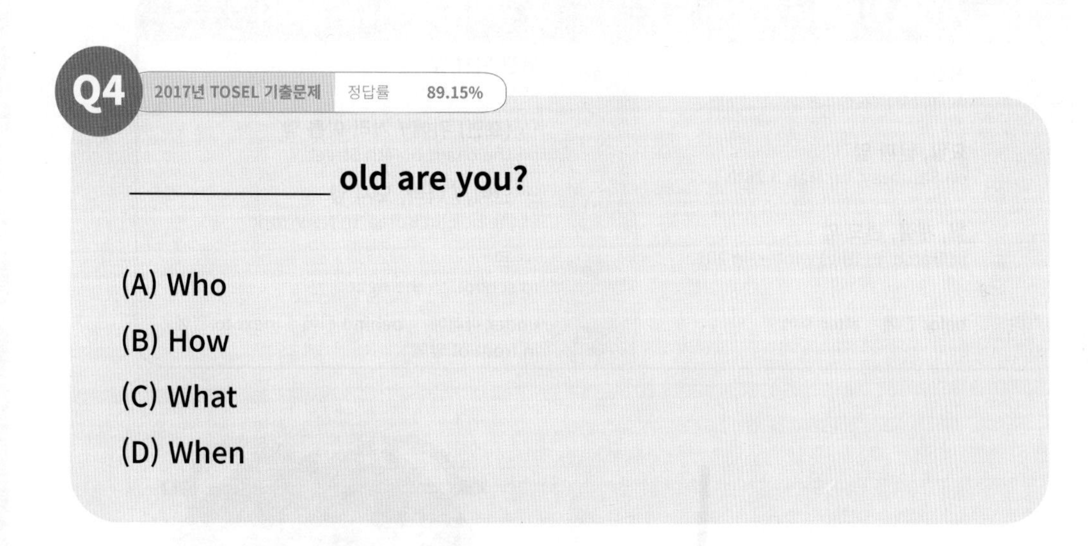

_____________ old are you?

(A) Who
(B) How
(C) What
(D) When

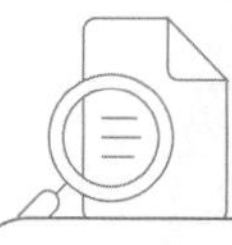

최신 기출 경향

'how'는 '어떻게'라는 뜻을 가지고 있는 의문사이지만 뒤에 나오는 형용사 또는 부사와 함께 '얼마나 ~한지'로 해석될 수도 있다는 것을 알아두세요.

ex **how** much 얼마(가격) **how** many 얼마나 많은 **how** fast 얼마나 빨리

유형 7
전치사

시간, 장소, 위치 등을 나타내는 정보를 정확하게 파악하여 문장에 가장 적절한 전치사를 고르는 유형입니다. 빈칸 뒤에 어떤 단어가 있는지를 먼저 확인하고 함께 쓰일 수 있는 전치사를 골라야 합니다. 위치의 전치사일 경우에는 문맥을 보고 그 상황을 상상해 보는 것이 도움이 됩니다.

전치사의 상황과 의미

시간을 나타내는 전치사		위치를 나타내는 전치사	
at	시간 앞 at two o'clock	at	특정 위치 앞 at school, at the door
on	요일, 날짜 앞 on Saturday, on March 26th	on	… (표면) 위에 / 거리 이름 앞 on the chair, on 4th Street
in	월, 계절, 년도 앞 in March, in (the) winter, in 2022	in	… 안에, / 나라, 도시 앞 in the box, in Korea, in New York
		to	… 로 to school, to the right
기타	befor 전에 after 후에	기타	under 아래에 behind 뒤에 next to 옆에 in front of 앞에

Step 1. Example

Q 2020년 TOSEL 기출문제 정답률 88.40%

My birthday is ________ May.

월/달 앞에 쓰이는 전치사는 무엇일까요?

(A) in

(B) to

(C) at

(D) on

해석

Q 내 생일은 5월 ______ 있다.

(A) ~에

(B) ~로

(C) ~에

(D) ~에

풀이

정답 (A)

월 앞에 올 수 있는 전치사는 'in'이므로 정답은 (A)입니다. 시간을 나타낼 때의 at은 정확한 시각과 함께 쓰이는 전치사로 오답입니다. 시간을 나타낼 때의 on은 요일이나 공휴일과 함께 쓰이는 전치사로 오답입니다.

Aa 어휘

n	**birthday**	생일
n	**May**	5월

헷갈리기 쉬운 표현 Tip!

*** in May vs on May 2nd**

월만 제시되어 있는 경우와 월과 날짜가 모두 제시되어 있는 경우는 서로 다른 전치사를 사용해야 한다는 것을 명심하세요.

- in 월만 나와있는 경우
- on 날짜까지 같이 나와있는 경우

Step 2. Pattern Practice

Q

Tip 유리잔과 식탁을 머릿속으로 그려보세요. 어떤 전치사가 가장 적합한가요?

Look at the glass ___________ the table.

(A) in
(B) at
(C) on
(D) after

해석

Q 식탁 ______ 의 유리잔을 봐.

(A) 안에
(B) ~에
(C) (표면) 위에
(D) ~후에

풀이 정답 (C)

유리잔이 테이블 표면 위에 있다고 표현하는 것이 가장 적절하므로 정답은 (C)입니다. (D)는 위치가 아닌 시간을 나타내는 전치사입니다.

Aa 어휘

n	**glass**	유리잔, 유리
n	**table**	테이블, 식탁

헷갈리기 쉬운 표현 Tip!

*** on vs above**

'above'도 '~위에'를 나타내는 전치사입니다.
'on'은 표면 위에를 말할 때 쓰이고,
'above'는 (위치나 지위 면에서) ~보다 위에 있는 모든 범위를 포함합니다.

Tip 칠판에 글을 쓰는 동작을 머릿속으로 그려보세요.

Q 2020년 TOSEL 기출문제 | 정답률 45.70%

The teacher writes ____________ the board.

(A) in
(B) to
(C) on
(D) for

해석

Q 선생님이 칠판 _______ 글을 쓴다.

(A) 안에
(B) ~로
(C) (표면) 위에
(D) ~를 위해

풀이

정답 (C)

칠판에 글을 쓸 때는 칠판 표면 위에 쓰기 때문에 전치사 on이 가장 적합하므로 정답은 (C)입니다.

Aa 어휘

n	**teacher**	선생님
v	**write**	(글을) 쓰다
n	**board**	칠판

헷갈리기 쉬운 표현 Tip!

∗ write + 전치사

write은 직접 표면 위에 쓰는 행위이기 때문에 전치사 on과 가장 자주 쓰이지만, in이 쓰이는 경우도 있습니다.

ex Please write **in** your notebook. → **공책을 펼쳐서 그 안에 무언가를 쓸 때**

Q1 2019년 TOSEL 기출문제 정답률 87.89%

I walk __________ school.

(A) to
(B) as
(C) on
(D) up

Q2

You can wait __________ my room.

(A) to
(B) in
(C) on
(D) over

토셀쌤의 문제 풀이 Tip!

전치사와 함께 나오는 단어를 파악한 후 상황을 떠올려 보세요!
안으로 들어가는 것 (in), 표면 위에 올라와 있는 것 (on), 어디론가 향하는 것 (to) 중 어떤 것이 상상되나요? 주어진 단어가 어느 전치사와 가장 잘 어울리는지 상상해보면 전치사를 고르기가 쉬워집니다.

Q3

Let's play soccer ________ Friday.

(A) in
(B) at
(C) to
(D) on

Q4 2017년 TOSEL 기출문제 정답률 89.15%

Are there any cookies ___________ the jar?

(A) in
(B) to
(C) up
(D) after

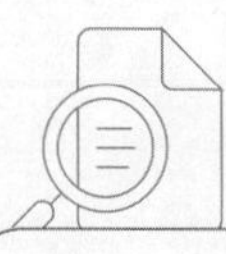

최신 기출 경향

전치사 문제는 자주 출제되는 유형으로 **시간 및 장소 전치사**를 평소에 공부해두고 정확하게 구분할 줄 안다면 시험에서 정답을 쉽게 맞출 수 있습니다. 가장 기본적인 전치사들을 공부하였다면 헷갈리기 쉬운 전치사들도 함께 공부해보세요!

Part B Situational Writing

Part B 유형설명

유형	세부 내용	문항 수
그림에 알맞은 단어 찾기	1. 명사	각 유형이 골고루 출제됨
	2. 동사	
	3. 전치사	
	4. 시간/날짜	
	5. 부사/형용사	
총 5개 유형		총 5문항

DIRECTION

1. 6-10번까지 총 5문항으로 구성됩니다.
2. 각 문제에서는 그림과 함께 빈칸이 있는 문장이 주어지고, 빈칸에 들어갈 선택지 4개가 주어집니다. 4개의 선택지 중에서 빈칸에 들어갈 가장 적절한 답을 고르는 문제입니다.

Part Ⓑ 는 이렇게 준비하자!

❶ 미리 그림을 살펴보자!

Part B는 그림을 보고 그림을 설명하는 문장에 빈칸을 채워 적절한 문장을 완성하는 유형이기 때문에, 그림을 잘 파악한 후 문제를 푸는 것이 중요합니다.
문제에 나오는 그림이 정확히 어떤 그림인지, 무엇을 묻는 문제인지를 미리 생각해보세요.

❷ 단어의 형태에 대한 이해를 해두자!

영어 단어에서 각 형태를 '품사'라고 부릅니다. 품사를 구분할 줄 안다면 문제를 풀 때 어떤 단어를 찾아야 할지가 명확해집니다.
기본적인 품사와 문장에서의 역할을 미리 익혀두세요.

- **명사** 사물의 이름
- **동사** 행동
- **형용사, 부사** 꾸미는 말
- **전치사** 위치

❸ 다양한 단어들을 미리 공부해두자!

이 유형에서는 빈칸에 들어갈 단어가 명사, 동사, 형용사, 전치사 등으로 다양하게 출제됩니다. 따라서 다양한 단어들을 미리 공부해두는 것이 문제를 푸는데 도움이 됩니다. 자주 쓰이는 단어들 위주로 공부해보세요.

VOCA

v	wear	착용하다
n	wrist	손목
n	dentist	치과의사
n	light	불, 빛
n	chair	의자
n	balloon	풍선
v	sell	팔다
n	picture	사진
v	pull	당기다
v	fly	날다
v	sleep	자다
n	fence	울타리
n	window	창문
n	basket	바구니
adj	careful	조심스러운
n	cactus	선인장

유형 1 명사

그림에 알맞은 단어 찾기

그림에 나온 사물이나 장소 또는 특징이 되는 것들을 보고
문장 속에 들어갈 알맞은 명사를 고르는 유형입니다.

그림 속에 나온 알맞은 명사 어휘를 고르는 것이 중요하므로
자주 쓰이는 명사 표현을 많이 알아두는 것이 도움이 됩니다.
평소에 주위에 있는 것들을 유심히 보고
영어 단어로 표현하는 법을 알아둡시다!

Step 1. Example

Q

Sammy is wearing a ______.

(A) cap
(B) vest
(C) raincoat
(D) swimsuit

해석

Q Sammy는 ______ 를 착용하고 있다.

(A) (챙이 달린) 모자
(B) 조끼
(C) 우비
(D) 수영복

풀이

정답 (C)

그림 속 소녀는 비오는 날씨에 우비를 입고 있으므로 (C)가 정답입니다. 'cap'은 챙이 달린 모자이므로 (A)는 오답입니다.

Aa 어휘

n	**swimsuit**	수영복	n	**raincoat**	우비
n	**vest**	조끼	n	**hat**	모자

함께 알아두면 좋을 표현!

＊ 의류를 나타내는 단어

의류를 나타내는 단어들을 미리 공부해 두세요! 'wear'이라는 단어는 '입다, 착용하다'라는 의미이기 때문에 해당 단어들 모두 'wear'을 사용하여 문장을 만들 수 있습니다.

ex jeans 청바지 socks 양말 shorts 반바지 skirt 치마 gloves 장갑 dress 원피스

Step 2. Pattern Practice

Tip 그림 속의 장소가 어디인지 알아봅시다.

Q

Reyn goes to see ___________.

(A) a farmer
(B) a dentist
(C) a teacher
(D) a scientist

해석

Q Reyn은 ______ 에게 간다.

(A) 농부
(B) 치과의사
(C) 선생님
(D) 과학자

풀이 정답 (B)

그림은 치과의사가 소년을 치료하는 것을 나타내고 있으므로 치과인 것을 알 수 있습니다. 따라서 Reyn이 치과의사에게로 간다는 표현이 알맞으므로 (B)가 정답입니다.

Aa 어휘

n	**teacher**	선생님	n	**dentist**	치과의사
n	**scientist**	과학자	n	**farmer**	농부

함께 알아두면 좋을 표현!

*** 직업을 나타내는 단어**

직업을 나타내는 단어들을 미리 공부해 두세요!

ex
police officer 경찰관 / artist 예술가 / singer 가수 / cook/chef 요리사
firefighter 소방관 / dancer 무용수 / doctor 의사 / vet 수의사

Q

Tip 우리 몸의 각 부위를 나타내는 단어들을 알아둡시다.

Hailey is pointing at her ___________.

(A) wrist

(B) ankle

(C) elbow

(D) cheek

해석

Q Hailey는 그녀의 ______ 을(를) 가리키고 있다.

(A) 손목

(B) 발목

(C) 팔꿈치

(D) 볼

풀이 정답 (A)

그림에서 Hailey는 자신의 손목을 가리키고 있으므로 (A)가 정답입니다.

Aa 어휘

v	**point**	가리키다	n	**ankle**	발목	n	**cheek**	볼
n	**elbow**	팔꿈치	n	**wrist**	손목			

함께 알아두면 좋을 표현!

∗ 신체 부위를 나타내는 단어

신체 부위를 나타내는 단어를 미리 공부해 두세요!

ex tongue 혀 chin 턱 palm 손바닥 toe 발가락 heel 발뒤꿈치
waist 허리 nail 손톱 stomach 배/복부 neck 목 knee 무릎

Step 3. Practice Test

Q1

She turns off the ___________.

(A) light
(B) water
(C) phone
(D) computer

Q2

We need some ___________.

(A) fruit
(B) bread
(C) drinks
(D) clothes

토셀쌤의 문제 풀이 Tip!

그림에 알맞은 명사 찾기 유형에는 다양한 사람, 사물 또는 장소 등이 등장할 수 있으므로 **명사 단어를 많이 알아두는 것**이 좋습니다. 그림 속 상황을 유심히 살펴보고 알맞은 단어와 함께 문장을 완성하세요!

Q3

I have an old ___________.

(A) pen
(B) nose
(C) chair
(D) glass

Q4

The girl likes her ___________.

(A) balls
(B) bears
(C) books
(D) balloons

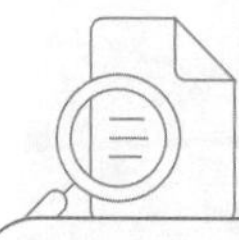

최신 기출 경향

그림 속에 하나 이상의 사물의 종류가 나오기도 하기 때문에 어떤 사물을 가리키는지를 문장을 통해 잘 보고 답을 골라야 합니다. 문장을 꼼꼼히 읽고 선택지 중 어느 단어가 문장을 적절하게 완성시키는지를 잘 확인하세요.

유형 2 동사
그림에 알맞은 단어 찾기

그림을 보고 그림에서 인물 또는 동물이 하는 행동을 나타내는
가장 적절한 동사 단어를 고르는 유형입니다.

그림 속에 나온 알맞은 동사 어휘를 고르는 것이 중요하므로
자주 쓰이는 동사 표현을 많이 알아두는 것이 도움이 됩니다.
평소에 동작에 관한 표현들을 유심히 보고
영어 단어로 표현하는 법을 알아둡시다!

Step 1. Example

Q 2020년 TOSEL 기출문제 정답률 85.60%

My grandparents like to ______.

(A) read
(B) work
(C) study
(D) exercise

해석

Q 나의 조부모님은 ______ 것을 좋아하신다.

(A) 읽는
(B) 일하는
(C) 공부하는
(D) 운동하는

풀이 정답 (D)

그림에서 할머니 할아버지는 운동을 하고 있는 모습이므로 빈칸에 들어갈 동사 어휘로 알맞은 것은 '운동하다'를 의미하는 'exercise'입니다. 따라서 정답은 (D)입니다.

Aa 어휘

v	**exercise**	운동하다	v	**work**	일하다	n	**grandparent**	조부모
v	**study**	공부하다	v	**read**	읽다			

헷갈리기 쉬운 표현 Tip!

＊ '운동하다'를 의미하는 단어 'work out'

'exercise'와 함께 'work out'도 '운동하다'라는 의미를 가지고 있습니다.
잘 기억해두면 운동하는 그림이 있는 문제의 보기에 exercise가 없을 때 당황하지 않고 정답을 고를 수 있습니다!

Step 2. Pattern Practice

Tip 그림의 장소는 어디인지, 사람들은 무엇을 하고 있는지를 살펴보세요.

Q 2020년 TOSEL 기출문제 | 정답률 85.36%

They ________ fish in the market.

(A) cut

(B) eat

(C) sell

(D) feed

해석

Q 그들은 시장에서 생선을 ______.

(A) 자른다

(B) 먹는다

(C) 판다

(D) 먹인다

풀이

정답 (C)

그림에서 두 사람은 시장에서 생선을 들고 팔고 있는 모습이므로 알맞은 동사 어휘는 'sell(팔다)'입니다. 따라서 정답은 (C)입니다.

어휘

v	**cut**	자르다	n	**fish**	생선	v	**feed**	먹이다, 먹이를 주다
v	**eat**	먹다	v	**sell**	팔다	n	**market**	시장

함께 알아두면 좋을 표현!

*** 장소와 관련된 단어들**

그림에 특정한 장소가 나올 때 그 장소와 관련된 단어들이 보기에 나오면 헷갈릴 수 있습니다.
상황별이나 장소별 단어를 공부할 때 관련 단어를 함께 공부해보세요.

ex study 공부하다 read 읽다 teach 가르치다 learn 배우다 draw 그리다

Q

Tip 보기의 단어들과 빈칸 뒤에 나오는 단어를 묶어서 생각해 보세요.

I ___________ pictures on Saturdays.

(A) cut
(B) buy
(C) take
(D) draw

해석

Q 나는 토요일마다 사진을 _______.

(A) 자른다
(B) 산다
(C) 찍는다
(D) 그린다

풀이

정답 (C)

그림에서 소녀는 사진을 찍고 있으므로 '사진을 찍다'라는 표현을 완성하는 'take'가 알맞습니다. 따라서 정답은 (C)입니다.

Aa 어휘

n **Saturday** 토요일
v **buy** 사다
phr **take pictures** 사진을 찍다

함께 알아두면 좋을 표현!

∗ 'take'의 다양한 의미

동사 'take'는 어느 단어와 함께 쓰이는지에 따라 다양한 의미를 가질 수 있습니다.

ex **take** a picture 사진을 찍다
take the bus 버스를 타다
take a walk 산책을 하다
take a long time 오랜 시간이 걸리다

Step 3. Practice Test

Q1

We ____________ books after school.

(A) fold
(B) hide
(C) read
(D) write

Q2

2020년 TOSEL 기출문제 | 정답률 92.51%

The kids are ____________ a house.

(A) buying
(B) drawing
(C) painting
(D) cleaning

토셀쌤의 문제 풀이 Tip!

보기에 모르는 단어가 나올 때는 당황할 수 있습니다.
이럴 땐 **뜻을 확실히 아는 단어부터** 골라보세요. 그 단어들을 빈칸에
넣었을 때 문장이 적절하게 완성된다면 정답일 확률이 높습니다.
아닐 경우에는 오답이니 오답 표시를 해놓고 다른 단어들을 넣어보세요!

Q3 2019년 TOSEL 기출문제 정답률 87.89%

The boy is ___________ a donkey.

(A) pulling
(B) feeding
(C) chasing
(D) washing

Q4 2019년 TOSEL 기출문제 정답률 95.67%

The man is ___________.

(A) lying
(B) flying
(C) running
(D) swimming

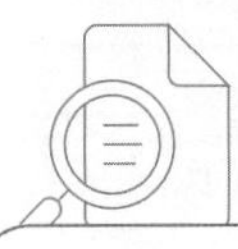

최신 기출 경향

문제에서 동사가 **현재진행형 (be동사 + 일반동사-ing) 형태**로 출제되는 경우가 많습니다. 이때 간단하게 -ing를 빼보고 원형 단어를 떠올려보면 공부해둔 단어들의 의미가 잘 떠오를 것입니다. 또한 -ing가 붙으면서 모양이 변형되는 동사들에 특히 주의해야합니다.

ex lie — **lying** tie — **tying** run — **running** stop — **stopping**

유형 3 전치사
그림에 알맞은 단어 찾기

**그림 속 인물/동물이나 사물 간의 위치 관계를 정확하게 파악하여
알맞은 전치사를 고르는 유형입니다.**

주로 장소나 위치를 나타내는 전치사가 출제되므로
아래에 있는 장소/위치 전치사를 미리 학습해두면 정답을 찾는데 도움이 됩니다.

Step 1. Example

Q

My brother is ______ the boxes.

(A) on

(B) under

(C) next to

(D) between

해석

Q 나의 남동생은 상자들 ______ 있다.

(A) (표면) 위에

(B) 아래에

(C) 옆에

(D) 사이에

풀이 정답 (D)

그림 속 소년은 두 상자의 사이에 서 있는 모습이므로 빈칸에 들어갈 전치사 어휘로 알맞은 것은 '사이에'를 의미하는 'between'입니다. 따라서 정답은 (D)입니다.

Aa 어휘

n **brother** 남자형제 n **box** 상자

헷갈리기 쉬운 표현 Tip!

∗ between A and B

between의 의미는 '~사이에'이기 때문에 두 가지 사물이 필요합니다.
위의 보기처럼 두 가지 사물이 같은 종류일 때는 복수형으로 묶어서 사용할 수도 있습니다.

ex **between** the **desk** and the **wall** 책상과 벽 사이에

Step 2. Pattern Practice

Tip 그림에서 위치를 파악해야 하는 사물이 어떤 것인지 살펴보세요.

Q

The dog is ___________ his house.

(A) above
(B) under
(C) between
(D) in front of

해석

Q 그 개는 집 _______ 있다.

(A) 위에
(B) 아래에
(C) 사이에
(D) 앞에

풀이 정답 (D)

그림 속 강아지는 집 앞에 있는 모습이므로 빈칸에 들어갈 전치사 어휘로 알맞은 것은 'in front of(앞에)'입니다. 따라서 정답은 (D)입니다.

Aa 어휘 n **dog** 개 n **house** 집

함께 알아두면 좋을 표현!

＊ 주어에 따라 달라지는 전치사 어휘

주어가 무엇인지에 따라 전치사가 바뀔 수 있으니 주의해야 합니다.
위의 문제에서 주어가 'The house'가 된다면 어떻게 될까요?

- **The house** is **behind** the dog. 그 집은 강아지 뒤에 있다.

Q

Tip 선택지에 나온 전치사의 뜻을 모두 알고 있는지 점검해보세요.

The cat is sleeping __________ the box.

(A) in

(B) on

(C) under

(D) behind

해석

Q 고양이는 상자 ______ 자고 있다.

(A) 안에서

(B) 위에서

(C) 아래에서

(D) 뒤에서

풀이 정답 (C)

그림 속 고양이는 상자의 아래에서 잠을 자고 있는 모습이므로 빈칸에 들어갈 전치사 어휘로 알맞은 것은 'under(아래에)'입니다. 따라서 정답은 (C)입니다.

Aa 어휘 prep **under** 아래에 prep **behind** 뒤에 v **sleep** 자다

함께 알아두면 좋을 표현!

∗ **under** vs **below**

두 단어 모두 '아래'라는 뜻을 가졌지만, 'under'은 어떤 사물의 바로 아래에 있거나 닿아 있을 때 쓰이고, 'below'은 어떤 사물보다 더 아래 위치에 있다는 것을 나타낼 때 쓰입니다.

Step 3. Practice Test

Q1

The ball is __________ me.

(A) on
(B) under
(C) next to
(D) behind

Q2

My dog is __________ the fence.

(A) on
(B) under
(C) behind
(D) in front of

토셀쌤의 문제 풀이 Tip!

그림 안에 다양한 사물이 있을 때를 특히 주의하세요!
물어보는 주체가 무엇인지를 먼저 알고 그 **주체와 다른 사물과의 관계를 파악**하여 위치 전치사를 골라야 합니다.

Q3 2020년 TOSEL 기출문제 정답률 59.12%

Grandma is sitting __________ the fire.

(A) in

(B) on

(C) near

(D) under

Q4

The sofa is __________ the window.

(A) to

(B) up

(C) below

(D) next to

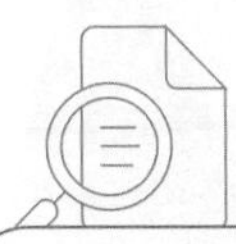

최신 기출 경향

'near'이라는 단어는 '가까이에'라는 뜻을 가진 전치사로, 앞, 옆, 뒤의 의미를 모두 포함하고 있습니다. 앞, 옆, 뒤를 나타내는 전치사가 선택지에 없다면 **'near'이라는 단어가 있는지** 확인해보고 빈칸에 넣어 문장이 완성되는지 확인해보세요.

유형 4 시간/날짜

그림에 알맞은 단어 찾기

그림 속 시계나 달력을 보고 가리키는 시간 및 날짜를 고르는 유형입니다.

지금이 몇 시, 몇 월 , 몇 일, 무슨 요일인지를 평상시에 영어로 떠올리는 연습을 합시다.
월, 일, 요일, 시간 등을 나타내는 단어와 표현들을 미리 공부해두면
정답을 맞추는데 도움이 됩니다.

요일 (Day of the week)

Monday 월요일 Tuesday 화요일 Wednesday 수요일 Thursday 목요일
Friday 금요일 Saturday 토요일 Sunday 일요일

월 (Month)

January 1월	May 5월	September 9월
February 2월	June 6월	October 10월
March 3월	July 7월	November 11월
April 4월	August 8월	December 12월

Step 1. Example

Q

It is ______ o'clock.

(A) six
(B) seven
(C) eight
(D) nine

해석

Q ______ 시 정각이다.

(A) 6
(B) 7
(C) 8
(D) 9

풀이 정답 (B)

그림 속 시계는 7시 정각을 나타내고 있으므로 빈칸에 들어갈 시간으로 알맞은 것은 'seven'입니다. 따라서 정답은 (B)입니다.

어휘 adv **o'clock** …시 정각

헷갈리기 쉬운 표현 Tip!

＊ 시간을 나타내는 주어 'it'

시간을 나타낼 때는 주어 'It'을 사용합니다.
여기서 'It'은 '그것'으로 해석되지 않는다는 것을 기억하세요.

ex **It** is **three o'clock** now. 지금은 3시 정각이다.

Step 2. Pattern Practice

Tip 그림의 시계를 잘 보고 몇 시 몇 분을 나타내는지 생각해보세요.

Q

I go home at four ________ .

(A) six
(B) ten
(C) thirteen
(D) thirty

해석

Q 나는 4시 ______ 에 집에 간다.

(A) 6분
(B) 10분
(C) 13분
(D) 30분

풀이

정답 (D)

그림 속 시계는 4시 30분을 나타내고 있으므로 빈칸에 들어갈 시간으로 알맞은 것은 'thirty' 입니다. 따라서 정답은 (D)입니다.

어휘

n **home** 집

함께 알아두면 좋을 표현!

＊ 시간을 나타내는 다양한 표현들

시간을 나타내는 다양한 표현들을 미리 공부해 두세요.

- o'clock …시 정각
- quarter(¼=60분의 1/4) 15분
- half 30분
- past …가 지난 ex ten past four 4시에서 10분이 지난 = 4시 10분

Q

Tip 그림의 달력은 몇 월 몇 일을 나타내고 있나요?

MARCH 2020

SUN	MON	TUE	WED	THU	FRI	SAT
1	2	3	4	5	6	7
8	9	10	11	12	13	14
15	16	17	18	19	20	21
22	23	24	25	26	27	28
29	30	31				

The party is on the __________ of March.

(A) second

(B) third

(C) sixth

(D) seventh

해석

Q 파티는 3월 ______ 에 있다.

(A) 2일

(B) 3일

(C) 6일

(D) 7일

풀이 정답 (C)

그림 속 달력을 보면 3월 6일에 동그라미가 그려져 있으므로 빈칸에 들어갈 단어로 알맞은 것은 '6일(sixth)'입니다. 따라서 정답은 (C)입니다.

Aa 어휘 n **March** 3월

함께 알아두면 좋을 표현!

＊ 순서를 나타내는 단어, '서수'

날짜를 나타낼 때는 숫자에 -th 가 붙은 형태의 '서수'를 사용합니다.
불규칙한 형태도 있기 때문에 미리 외워두도록 합시다!

ex first (1st) second (2nd) third (3rd) fourth (4th) fifth (5th)

Step 3. Practice Test

Q1

It is ____________ now.

(A) two o'clock
(B) two thirty
(C) three o'clock
(D) three thirty

Q2

My birthday is in ____________ .

(A) January
(B) February
(C) March
(D) April

토셀쌤의 문제 풀이 Tip!

시간과 날짜를 묻는 유형은 그림에 나오는 **시간과 날짜가 무엇인지** 먼저 보고 그 다음 문장과 선택지를 읽는다면 더 효율적으로 문제를 풀 수 있습니다. 시곗바늘이 나온다면 숫자로 시간을 그림 옆에 적어 놓는 것도 도움이 될 것입니다.

Q3

2019년 TOSEL 기출문제 | 정답률 87.89%

SUN	MON	TUE	WED	THU	FRI	SAT
1	2	3	4	5		7
8	9	10	11	12	13	14
15	16	17	18	19	20	21
22	23	24	25	26	27	28
29	30	31				

The party is on __________.

(A) Monday

(B) Tuesday

(C) Wednesday

(D) Thursday

Q4

Wake up! It's __________ past eight.

(A) ten

(B) half

(C) eight

(D) quarter

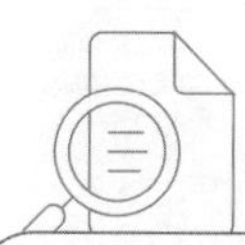

최신 기출 경향

아주 가끔 위의 4번 문제와 같은 난이도가 높은 문제가 출제되기도 합니다. 시간→분의 순서가 아니라 분→시간의 순서로 쓰이는 표현이기 때문에 헷갈리기 쉬우니, 그림, 주어진 문장과 **선택지들의 숫자들을 자세히 살펴보고** 어느 숫자가 적합한지 꼼꼼히 보아야 합니다.

유형 5 부사/형용사

그림에 알맞은 단어 찾기

그림에서 묘사되고 있는 것을 가장 알맞게 표현한 형용사 또는 부사를 고르는 유형입니다.

그림에서 묘사되고 있는 것을 가장 알맞게 표현한 형용사 또는 부사를 고르는 유형입니다. 아래에 있는 자주 사용되는 형용사 또는 부사 어휘를 반드시 알아두고, 평소에 인물이나 사물 또는 상황을 자세히 묘사하는 표현에 관심을 가지고 알맞은 어휘를 떠올려보는 연습을 하는 것이 도움이 됩니다.

Step 1. Example

Q

The basket on the left is ______.

(A) full
(B) empty
(C) sharp
(D) messy

해석

Q 왼쪽의 바구니는 ______ 있다/하다.

(A) 가득찬
(B) 비어있는
(C) 날카로운
(D) 지저분한

풀이 정답 (B)

그림에서 2개의 바구니 중 왼쪽의 바구니는 비어있고, 오른쪽의 바구니는 가득 차 있습니다. 문장에서 가리키는 바구니는 왼쪽 바구니이기 때문에 정답은 '비어 있는'이라는 뜻이 적절합니다. 따라서 정답은 (B)입니다.

Aa 어휘

n	**basket**	바구니	n	**left**	왼쪽	adj	**full**	가득 찬
adj	**empty**	비어 있는	adj	**sharp**	날카로운	adj	**messy**	지저분한

함께 알아두면 좋을 표현

＊ 뜻이 반대되는 형용사

형용사를 공부할 때 서로 뜻이 반대되는 단어들을 함께 알아둔다면 도움이 됩니다.

- full (가득찬) ↔ empty (비어있는)
- tidy (깔끔한, 정돈된) ↔ messy (지저분한)
- sharp (날카로운) ↔ dull (무딘)
- heavy (무거운) ↔ light (가벼운)

Step 2. Pattern Practice

Tip 어떤 부분을 묘사하는지 확인하세요.

Q

Sunny has ______ hair.

(A) red
(B) curly
(C) orange
(D) straight

해석

Q Sunny는 ______ 머리를 가지고 있다.

(A) 빨간
(B) 곱슬곱슬한
(C) 주황색의
(D) 곧은

풀이 정답 (B)

그림의 소녀는 곱슬머리를 가지고 있습니다.
따라서 정답은 (B)입니다.

Aa 어휘

n **hair** 머리카락 adj **red** 빨간 adj **curly** 곱슬곱슬한
adj **orange** 주황색의 adj **straight** 곧은

함께 알아두면 좋을 표현!

＊ 머리 모양과 색에 관련된 표현들

머리모양과 색을 묘사하는 표현들을 미리 공부해두세요!

- curly 곱슬곱슬한 • straight 곧은 • short 짧은 • long 긴 • blond 금발의
- gray 흰머리의 • brown 갈색의

Q Tip 상황을 어떻게 묘사하고 있나요?

Henry is a __________ runner.

(A) bad

(B) fast

(C) slow

(D) angry

해석

Q Henry는 ______ 달리기 선수이다.

(A) 나쁜

(B) 빠른

(C) 느린

(D) 화난

풀이 정답 (B)

그림은 달리기에서 우승을 한 남자의 모습을 보여주고 있으므로 빠른 달리기 선수라는 표현이 알맞습니다. 따라서 정답은 (B)입니다.

Aa 어휘

adj **fast** 빠른, 빠르게 adj **slow** 느린 adj **angry** 화난

adj **bad** 나쁜 n **runner** 달리는 사람; 달리기 선수

헷갈리기 쉬운 표현 Tip!

* 형용사를 부사로 바꿀 때, 형용사 뒤에 -ly를 붙여줍니다.

ex slow (느린) → slowly (느리게) quiet (조용한) → quietly (조용하게) bad (나쁜) → badly (나쁘게)

예외적인 부사들을 주의하세요!

ex fast (빠른, 빠르게) → fast (빠른, 빠르게) hard (딱딱한, 어려운, 힘든) → hard (열심히, 힘들게)

good (좋은) → well (좋게)

Step 3. Practice Test

Q1

The elephant is ___________.

(A) fat
(B) thin
(C) sick
(D) green

Q2

Please talk ___________ here.

(A) fast
(B) sadly
(C) loudly
(D) quietly

토셀쌤의 문제 풀이 Tip!

보기의 단어들은 빈칸에 들어갔을 때 문맥상 어색해보이는 경우도 있지만 문맥상 올바른 경우도 많이 있습니다. **그림을 가장 적절하게 묘사하는 단어**는 무엇인지 잘 생각하고 답을 고른다면 오답을 피할 수 있습니다.

Q3

Be careful! The cactus is ___________.

(A) hot
(B) wet
(C) sharp
(D) round

Q4

The boy on the right runs ___________.

(A) fast
(B) well
(C) easily
(D) slowly

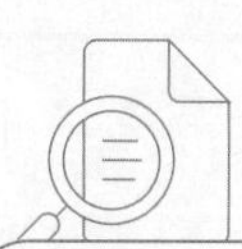

최신 기출 경향

형용사와 부사를 고르는 유형에서는 두 가지의 반대되는 상황이 그림에 함께 제시되기도 합니다. 이 경우 지문에서 묘사하는 것이 left(왼쪽)인지 right(오른쪽)인지 혹은 어떤 물체를 **묘사하는지를 정확히 구분**하는 것이 중요합니다.

Part C-1 Reading and Retelling

Part C-1 유형설명

유형	세부 내용	지문 수
실용문 읽고 질문에 답하기	1. 초대장	각 유형이 골고루 출제됨
	2. 메뉴	
	3. 도표/차트/그래프	
	4. 일정	
	5. 안내문	
	6. 지시문	
	7. 기타 실용문	
총 7개 유형		총 3지문

DIRECTION

1. 11-16번까지 총 지문 3개, 각 지문 당 문항 2개씩 총 6문항으로 구성됩니다.

2. 각 문제에는 본문으로 실용문과 함께 관련된 질문 두 개가 주어지고, 선택지 (A)부터 (D)가 주어집니다. 네 개의 선택지 중에서 질문에 가장 적절한 답을 고르는 문제입니다.

3. 초대장, 메뉴, 도표/차트/그래프, 일정, 안내문, 지시문 등의 형식으로 실생활에서 접할 수 있는 다양한 읽기 자료가 출제되므로, 다양한 읽기 자료를 이해하고 해석하는 연습을 해야 합니다.

Part C-1 는 이렇게 준비하자!

❶ 실용문의 형태와 목적을 파악하자!

Part C-1에서는 다양한 실용문이 출제되기 때문에 실용문을 보고
어떤 형태인지와 목적을 먼저 파악하는 것이 문제를 푸는데 도움이 됩니다.
자주 출제되는 형식의 실용문에 친숙해진다면 다양한 형태의 실용문을
이해하는데에 도움이 될 것입니다.

❷ 단어의 형태에 대한 이해를 해두자!

Part C에서는 실용문을 잘 이해하고 있는지 확인하는 문제들이 출제됩니다.
질문에 나오는 핵심 단어를 먼저 파악한다면 실용문을 읽을 때 그것을 중심으로
실용문을 보게 되어 문제 풀이가 수월해집니다.

❸ 실용문에서 필요한 정보를 찾자!

실용문의 세부사항을 묻는 질문이 출제되기 때문에 실용문 내에서
정확한 정보를 찾는 것이 핵심입니다. 비슷해보이는 정보들이 실용문 안에
모여있기 때문에, 헷갈리지 않고 필요한 정보를 찾아 정답을 찾을 수 있도록
주의합시다.

VOCA

n	costume	의상
n	backyard	뒤뜰
n	vegetable	채소
v	train	훈련시키다
n	arena	경기장, 무대
v	order	주문하다
n	broccoli	브로콜리
v	collect	모으다
n	cartoon	만화
n	kitchen	부엌
v	water	물주다
v	feed	먹이를 주다
n	computer	컴퓨터
n	vacation	방학
n	museum	박물관
v	fold	접다

유형 1 초대장

실용문 읽고 질문에 답하기

초대장을 읽고 질문에 대한 대답을 자료에서 찾아
답하는 유형입니다.

주로 생일파티나 행사 등에 초대하는 내용이 자주 출제되며,
시간이나 장소가 핵심 요소가 됩니다.

Part C-1 Reading and Retelling

Q 2018년 TOSEL 기출문제

MONSTER KIDS PARTY

Please come to our party!

" Wear your favorite **monster costume**! "

Time Saturday, October 27
Place Lina's Backyard

정답률 96.03%

Q1. When is the party?

(A) It's on Sunday.

(B) It's in September.

(C) It's on Saturday.

(D) It's in December.

정답률 79.96%

Q2. What do you need to take to the party?

(A) fun games

(B) many friends

(C) monster clothes

(D) chocolate cookies

Step 1. Example

해석 Text & Question

Text. 괴물 아이들 파티 / 우리 파티에 오세요! / 당신이 가장 좋아하는 괴물 의상을 입으세요!
시간: 10월 27일, 토요일 / 장소: Lina의 뒤뜰

Q1. 파티는 언제인가?

(A) 일요일이다.
(B) 9월이다.
(C) 토요일이다.
(D) 12월이다.

Q2. 파티에 무엇을 가져가야 하는가?

(A) 재밌는 게임들
(B) 많은 친구들
(C) 괴물 의상
(D) 초콜렛 쿠키들

풀이 정답 (C), (C)

Q1. 초대장에서 파티가 10월 27일 토요일이라고 했으므로 정답은 (C)입니다.
Q2. 초대장에서 파티에 가장 좋아하는 괴물 의상을 입고 오라고 했으므로 정답은 (C)입니다.

n	**monster**	괴물	v	**wear**	입다	adj	**favorite**	가장 좋아하는
n	**costume**	의상	n	**October**	10월	n	**backyard**	뒤뜰

TIP

초대장 안에서 **'Time'**또는 **'Date'**이라고 안내되어 있는 부분이 '언제'에 해당하는 대답이라는 것을 잘 기억해둔다면 정답을 쉽게 찾을수 있습니다.

Step 2. Pattern Practice

Q 2019년 TOSEL 기출문제

Jack is having a birthday PARTY

on Sunday, July 22nd,
3 PM to 6 PM
at Jack's house

Are you coming?
Please tell **Jack's mom**
by July 20th at 555-1234-5678

정답률 64.6%

Q1. When is the party?

(A) June 20th
(B) June 22nd
(C) July 20th
(D) July 22nd

정답률 82.74%

Q2. Who do guests call?

(A) Jack
(B) Jack's dad
(C) Jack's mom
(D) Jack's friends

해석 Text & Question

Text. Jack이 생일파티를 합니다 / 일요일, 7월 22일, / 오후 3시부터 6시까지 / Jack의 집에서
파티에 오나요? / Jack의 엄마에게 전화하세요 / 7월 20일까지 555-1234-5678

Q1. 파티는 언제인가?

(A) 6월 20일
(B) 6월 22일
(C) 7월 20일
(D) 7월 22일

Q2. 손님들은 누구에게 전화하는가?

(A) Jack
(B) Jack의 아빠
(C) Jack의 엄마
(D) Jack의 친구들

풀이 정답 (D), (C)

Q1. 초대장에서 파티가 7월 22일 일요일 오후 3시부터 6시까지라고 했으므로 정답은 (D)입니다.

Q2. 초대장에서 파티에 오는 사람들은 Jack의 엄마에게 전화하라고 했으므로 정답은 (C)입니다.

Aa 어휘 n **guest** 손님 n **birthday** 생일

Step 3. Practice Test

Q1

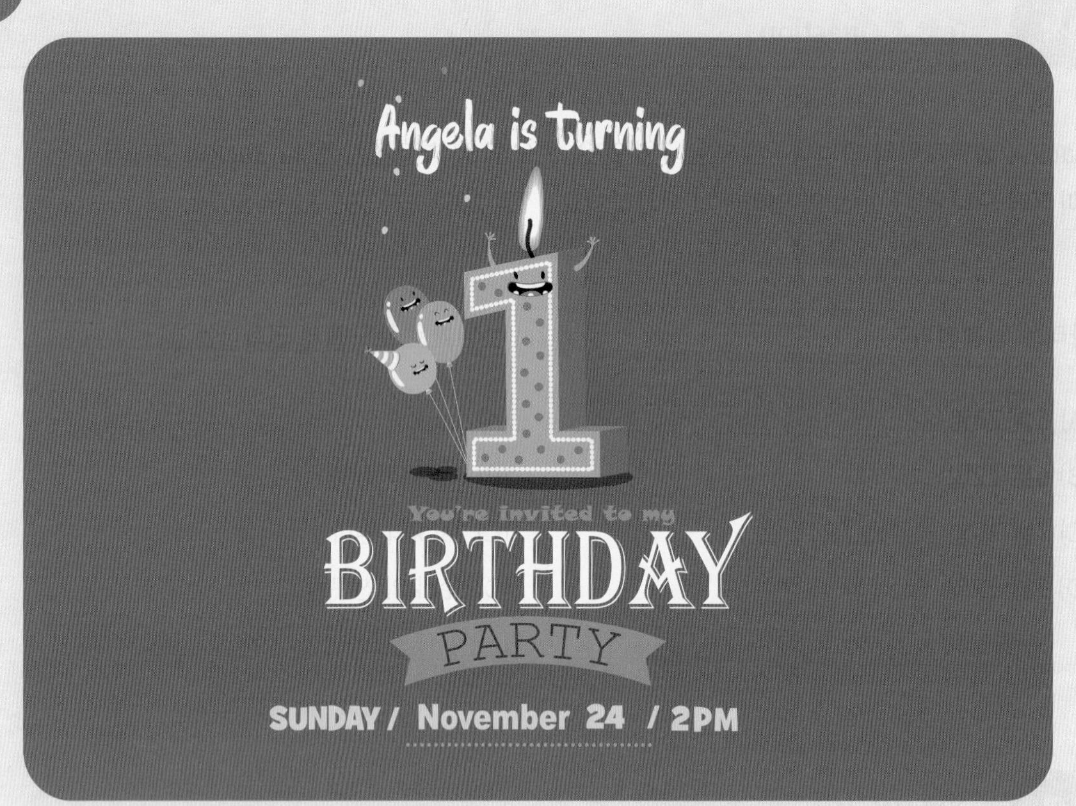

Q1. When is the birthday party?

(A) Sunday, November 2nd
(B) Monday, November 2nd
(C) Sunday, November 24th
(D) Monday, November 24th

Q2. How old is Angela going to be?

(A) 1 year old
(B) 2 years old
(C) 3 years old
(D) 4 years old

Q2

Pool Party at Sandy's!

Come to our new pool!

Bring your swimsuit and towel.

Time and Date

7 PM on Friday, January 16th

at Sandy's Pool

Q1. Where is the party?

(A) beach

(B) restaurant

(C) public pool

(D) Sandy's house

Q2. What do you need to bring to the party?

(A) food

(B) a shirt

(C) a towel

(D) sunglasses

유형 2 메뉴

실용문 읽고 질문에 답하기

음식 메뉴를 읽고 질문에 대한 대답을 자료에서 찾아 답하는 유형입니다.

주로 메뉴판을 제시하며 음식의 종류나 가격을 묻는 문제가 출제됩니다.

Q 2020년 TOSEL 기출문제

Qingdao Elementary

LUNCH MENU

March 2nd - 6th

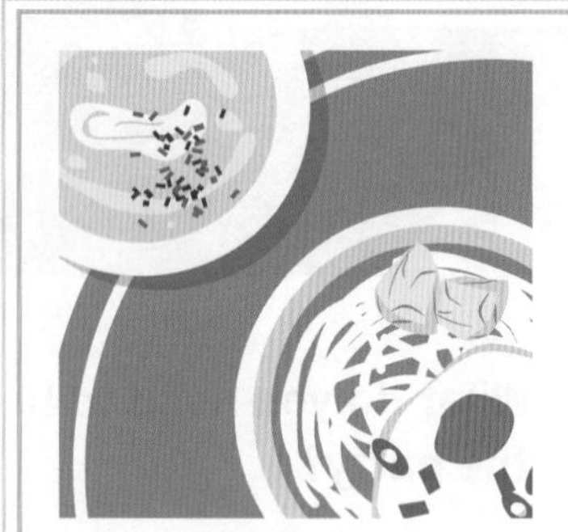

Monday
Pasta, Apple, Milk

Tuesday
Tuna Sandwich, Peach, Milk

Wednesday
Fried Rice, Strawberry, Milk

Thursday
Pizza, Banana, Orange Juice

Friday
Fried Chicken, Watermelon, Milk

정답률 96.9%

Q1. What do students have on Friday?

(A) Pizza

(B) Hamburgers

(C) Fried Chicken

(D) Chicken Sandwiches

정답률 88.79%

Q2. Which day do students have juice?

(A) Monday

(B) Tuesday

(C) Wednesday

(D) Thursday

Step 1. Example

해석 Text & Question

Text. Qingdao 초등학교 / 점심 메뉴 / 3월 2일 - 6일

월요일 / 파스타, 사과, 우유
화요일 / 참치 샌드위치, 복숭아, 우유
수요일 / 볶음밥, 딸기, 우유
목요일 / 피자, 바나나, 오렌지 주스
금요일 / 닭구이, 수박, 우유

Q1. 학생들은 금요일에 무엇을 먹는가?

(A) 피자
(B) 햄버거
(C) 닭구이
(D) 치킨 샌드위치

Q2. 학생들은 언제 주스를 마시는가?

(A) 월요일
(B) 화요일
(C) 수요일
(D) 목요일

풀이 정답 (C), (D)

Q1. 메뉴에 따르면 금요일의 메뉴는 닭구이, 수박, 우유이므로 정답은 (C)입니다.
Q2. 메뉴에 따르면 점심 메뉴로 주스가 적힌 요일은 목요일이므로 정답은 (D)입니다.

n	**fried rice**	볶음밥
adj	**fried**	볶은, 구운
n	**strawberry**	딸기
n	**watermelon**	수박
n	**tuna**	참치

TIP

음식의 종류나 가격을 묻는 질문이 자주 출제됩니다. 메뉴판의 음식 이름에 친숙해지도록 연습해보세요.

Step 2. Pattern Practice

Q

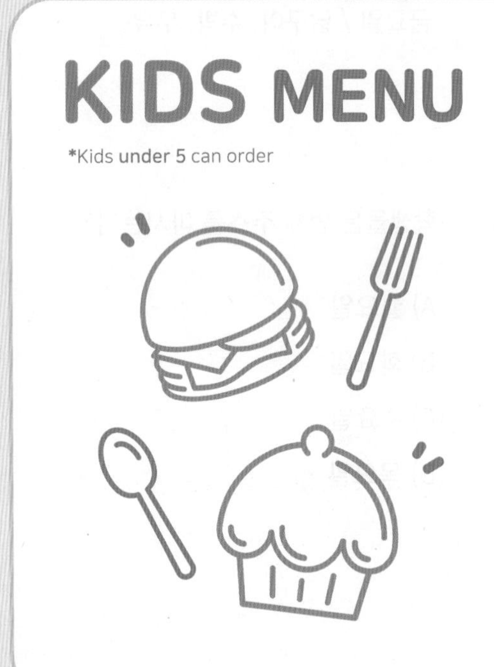

Salad

fruit / vegetable

Soup

TODAY ··· Cream
TOMORROW ··· Tomato

Dessert

ice cream (vanilla, chocolate)

Drink

orange juice, milk

Q1. Who can order the kids menu?

(A) 4-year-old kid
(B) 6-year-old kid
(C) 8-year-old kid
(D) 10-year-old kid

Q2. What is the soup for today?

(A) cream
(B) tomato
(C) broccoli
(D) vegetable

해석 Text & Question

Text. 어린이 메뉴 / *5살 미만 아이들이 주문할 수 있음
샐러드: 과일 / 야채 / 수프: 오늘 … 크림 / 내일 … 토마토
디저트: 아이스크림 (바닐라, 초콜릿) / 음료: 오렌지주스, 우유

Q1. 누가 어린이메뉴를 주문할수 있는가?

(A) 4살 어린이
(B) 6살 어린이
(C) 8살 어린이
(D) 10살 어린이

Q2. 오늘의 수프는 무엇인가?

(A) 크림
(B) 토마토
(C) 브로콜리
(D) 채소

풀이 정답 (A), (A)

Q1. 메뉴에 5살 미만 아이들이 어린이메뉴를 주문할 수 있다고 써있으므로 정답은 (A)입니다.

Q2. 메뉴에 오늘의 수프는 크림, 내일의 수프는 토마토라고 쓰여있으므로 정답은 (A)입니다.

Aa 어휘

- v **order** 주문하다
- n **tomorrow** 내일
- n **broccoli** 브로콜리
- n **today** 오늘
- n **vegetable** 채소

Step 3. Practice Test

Q1

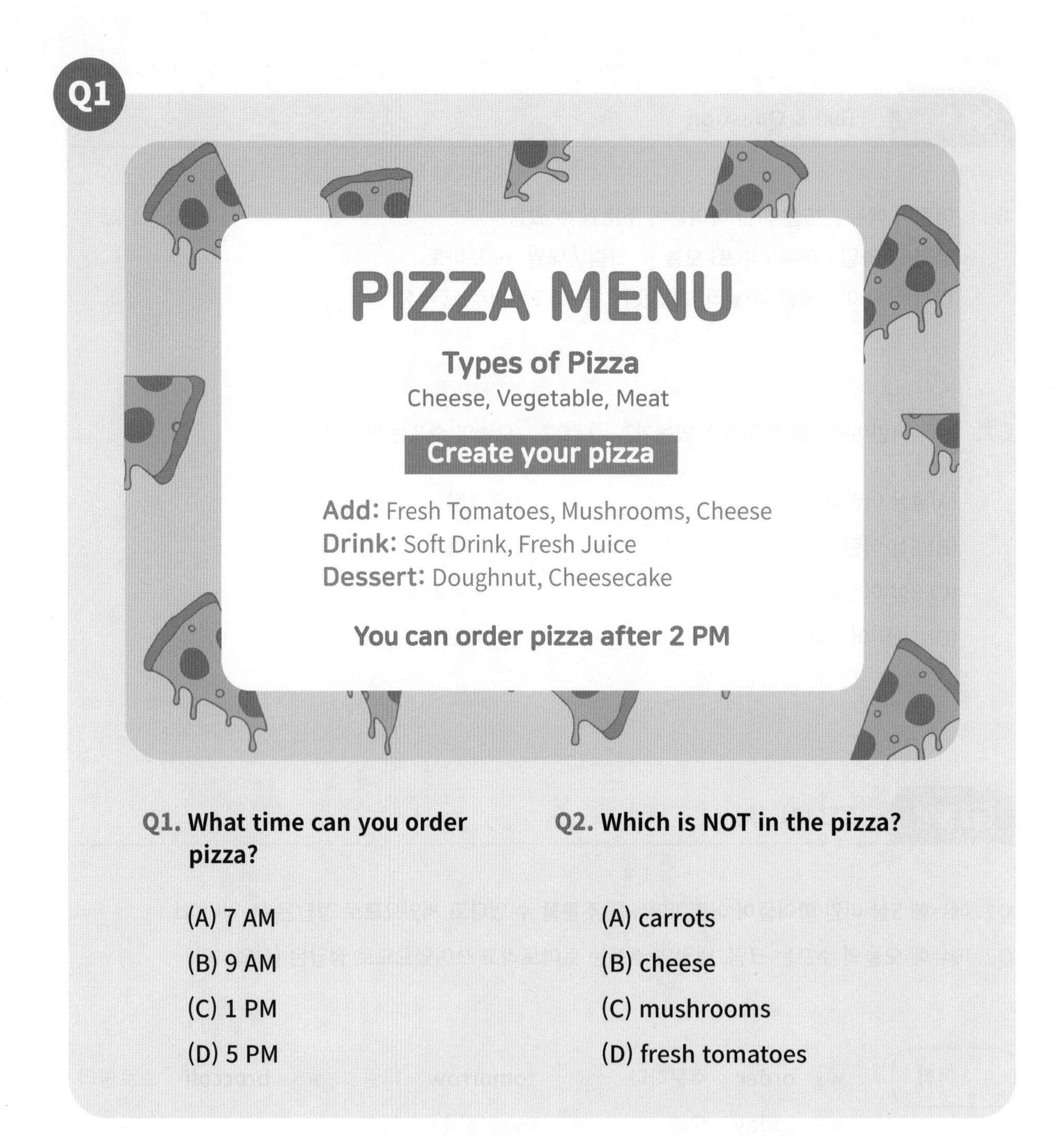

Q1. What time can you order pizza?

(A) 7 AM
(B) 9 AM
(C) 1 PM
(D) 5 PM

Q2. Which is NOT in the pizza?

(A) carrots
(B) cheese
(C) mushrooms
(D) fresh tomatoes

Q2 2020년 TOSEL 기출문제

Kiddie Cafe

Main Dishes

Salad (Chicken / Tuna) —— $9

Sandwich (Chicken / Cheese) —— $9

Ice Cream (Vanilla / Chocolate)

One Scoop —— $3

Two Scoops —— $5

Sundae —— $6

Drinks

Milk —— $2

Orange Juice —— $3

Hot Chocolate —— $4

정답률 70.12%

Q1. What is on Kiddie Cafe's menu?

(A) Milkshake

(B) Lemon Juice

(C) Chicken Salad

(D) Tuna Sandwich

정답률 79.95%

Q2. How much are one Vanilla Sundae and a glass of orange juice?

(A) $3

(B) $6

(C) $8

(D) $9

유형 3 도표/차트/그래프

실용문 읽고 질문에 답하기

도표, 차트 또는 그래프를 보고 질문에 대한 대답을 자료에서 찾아 답하는 유형입니다.

주로 도표, 차트, 그래프의 세부적인 정보에 대해 물어보는 문제가 출제됩니다.

Part C-1 Reading and Retelling

Q 2019년 TOSEL 기출문제

Springtown Kids' Hobbies

Playing Piano
Dancing
Drawing
Collecting Models
Reading Books
Watching Cartoons

정답률 90.12%

Q1. What do the kids like doing the most?

(A) drawing
(B) reading books
(C) collecting models
(D) watching cartoons

정답률 44.99%

Q2. What is NOT the kids' hobbies?

(A) dancing
(B) playing piano
(C) collecting books
(D) drawing pictures

Step 1. Example

해석 Text & Question

Text. Springtown 어린이들의 취미들

피아노 치기 / 만화 보기 / 책 읽기 / 모형 수집하기 / 그림 그리기 / 춤추기

Q1. 어린이들은 무엇을 가장 많이 하는가?

(A) 그림 그리기

(B) 책 읽기

(C) 모형 수집하기

(D) 만화 보기

Q2. 어린이들의 취미가 아닌 것은 무엇인가?

(A) 춤추기

(B) 피아노 치기

(C) 책 모으기

(D) 그림 그리기

풀이 정답 (D), (C)

Q1. 만화 보기가 차트에서 가장 많은 비율을 차지하고 있으므로 정답은 (D)입니다.

Q2. 차트에 (A), (B), (D)가 나와있으며 (C)는 나와있지 않으므로 정답은 (C)입니다.

Aa 어휘 | v **collect** 모으다 | n **model** 모형 | n **cartoon** 만화

TIP

차트 실용문은 보통 동그란 파이의 형태로 나타납니다. 다양한 정보 데이터가 각 비율에 따라 파이로 나누어져 나타나기 때문에 **파이의 면적이 넓을 수록 가장 큰 비율**을 나타냅니다.

Step 2. Pattern Practice

Q 2019년 TOSEL 기출문제

Star Chart (Week 5)

★ 1 star = 1 time

	Do the dishes	Clean the kitchen	Water the plants	Feed the pets
Jodi	★★★	★★	★★	★★
Jenny	★★★	★★★★		★
Jamie		★★★	★★	★★
Jeffry	★★		★★★	★★★

정답률 81.29%

Q1. Who cleans the kitchen the most in Week 5?

(A) Jodi
(B) Jenny
(C) Jamie
(D) Jeffry

정답률 66.65%

Q2. What activity does every kid do?

(A) feed the pets
(B) do the dishes
(C) water the plants
(D) clean the kitchen

🔊 해석 Text & Question

Text. 별 차트 (다섯 번째 주) / 별 한 개 = 한 번
설거지 / 부엌 청소 / 식물 물 주기 / 반려동물 밥 주기

Q1. 다섯 번째 주에 부엌 청소를 가장 많이 한 사람은 누구인가?

(A) Jodi
(B) Jenny
(C) Jamie
(D) Jeffry

Q2. 모든 아이들이 하는 활동은 무엇인가?

(A) 애완동물 밥주기
(B) 설거지
(C) 식물 물 주기
(D) 부엌 청소

 정답 (B), (A)

Q1. 표를 보면 Jodi는 부엌 청소를 두 번하였고, 제니는 네 번, 제이미는 세 번하였지만, 제프리는 한 번도 하지 않았으므로 정답은 (B)입니다.

Q2. 표를 보면 모든 아이들이 반려동물 밥 주기에 별을 받았으므로 정답은 (A)입니다.

Aa 어휘

n **kitchen** 부엌 v **water** 물 주다 v **feed** 먹이를 주다
n **plant** 식물

Step 3. Practice Test

Q1 2020년 TOSEL 기출문제

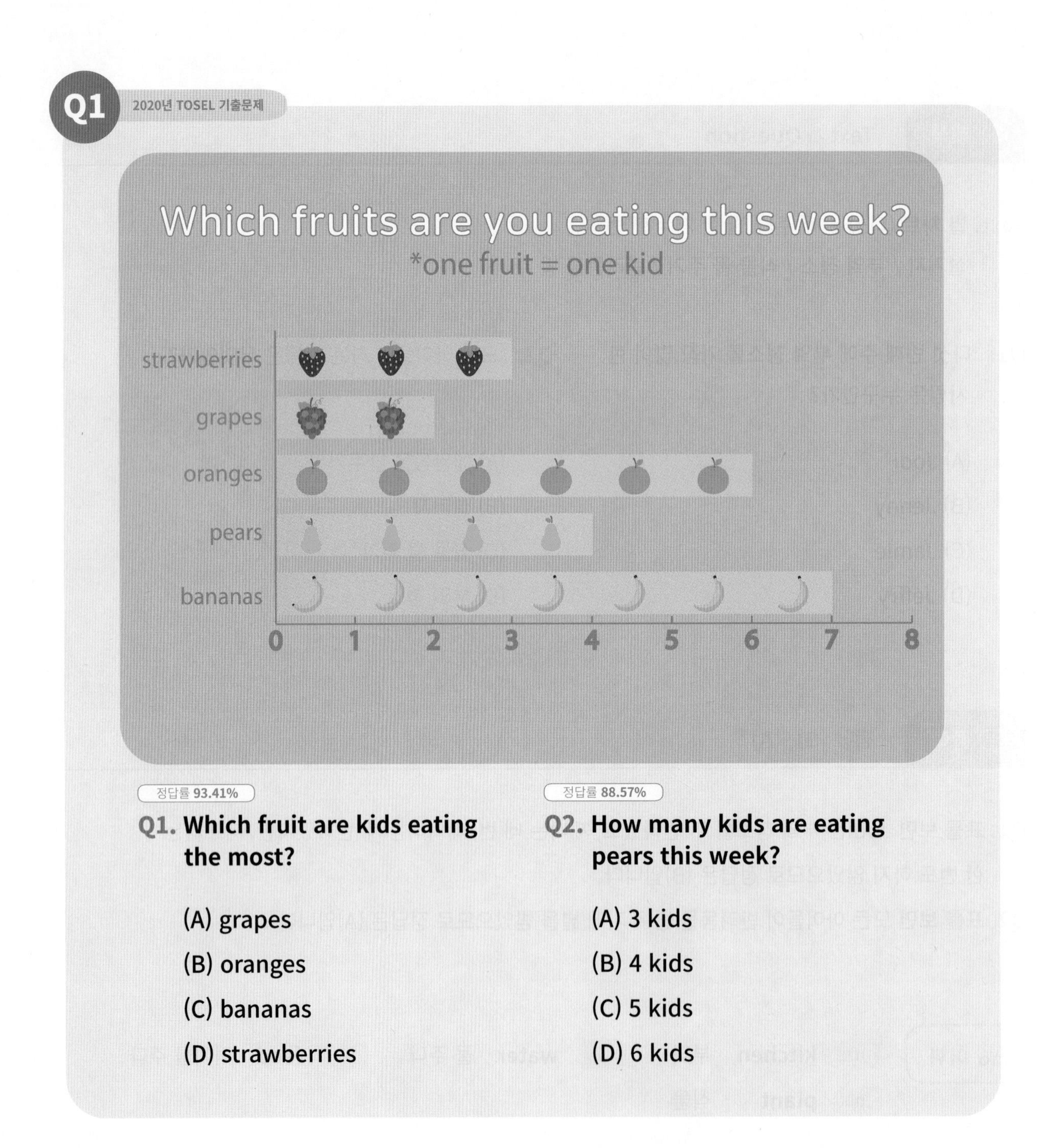

정답률 93.41%

Q1. Which fruit are kids eating the most?

(A) grapes

(B) oranges

(C) bananas

(D) strawberries

정답률 88.57%

Q2. How many kids are eating pears this week?

(A) 3 kids

(B) 4 kids

(C) 5 kids

(D) 6 kids

Q2

Q1. What does Jack like about winter?

(A) sleigh
(B) cool air
(C) sweater
(D) hot cocoa

Q2. What does Sam NOT like about winter?

(A) snow
(B) cool air
(C) vacation
(D) fireplace

유형 4 일정

실용문 읽고 질문에 답하기

일정표를 읽고 질문에 대한 대답을 자료에서 찾아
답하는 유형입니다.

요일 또는 시간 정보와 각 정보에 따른 다양한 항목이 표로 제시되어
헷갈리기 쉬우니 정확히 답을 찾을 수 있도록 집중하는 것이
중요합니다.

Q 2019년 TOSEL 기출문제

Ray's week

	9:00 - 10:45	11:00 - 11:45	LUNCH	13:00 - 13:45	14:00 - 14:45
Monday	Reading	Math		Science	Sport
Tuesday	Reading	Music		Computer	Art
Wednesday	Reading	Math		Science	Sport
Thursday	Math	Music		Reading	Art
Friday	Reading	Cooking		Computer	Fun & Games

정답률 70.25%

Q1. Which day is the afternoon reading class?

(A) Monday
(B) Tuesday
(C) Thursday
(D) Friday

정답률 54.38%

Q2. Which class does Ray have 3 times a week?

(A) Art
(B) Math
(C) Science
(D) Computer

Step 1. Example

해석 **Text & Question**

Text. Ray의 한 주

월요일 / 읽기 / 수학 / 점심 / 과학 / 운동
화요일 / 읽기 / 음악 / 점심 / 컴퓨터 / 미술
수요일 / 읽기 / 수학 / 점심 / 과학 / 운동
목요일 / 수학 / 음악 / 점심 / 읽기 / 미술
금요일 / 읽기 / 조리 / 점심 / 컴퓨터 / 게임

Q1. 오후 읽기 수업은 무슨 요일인가?

(A) 월요일
(B) 화요일
(C) 목요일
(D) 금요일

Q2. Ray가 한 주에 3번 듣는 것은 어떤 수업인가?

(A) 미술
(B) 수학
(C) 과학
(D) 컴퓨터

풀이 **정답 (C), (B)**

Q1. 일정표에 따르면 오후 읽기 수업은 목요일이므로 정답은 (C)입니다.

Q2. 일정표에 따르면 수학 수업은 한 주에 총 3번 들어가 있으므로 정답은 (B)입니다.

Aa 어휘

n	**reading**	읽기	n	**math**	수학	n	**music**	음악
n	**cooking**	조리	n	**science**	과학	n	**art**	미술, 예술
n	**computer**	컴퓨터	n	**sports**	운동			

TIP

문제의 질문에서 요구하는 정보를 표에서 찾을 때 정확하게 찾을 수 있도록 **요일이나 시간 등 다양한 항목들을 서로 꼼꼼히 비교하며** 필요한 정보들을 골라내도록 합시다.

Step 2. Pattern Practice

Q

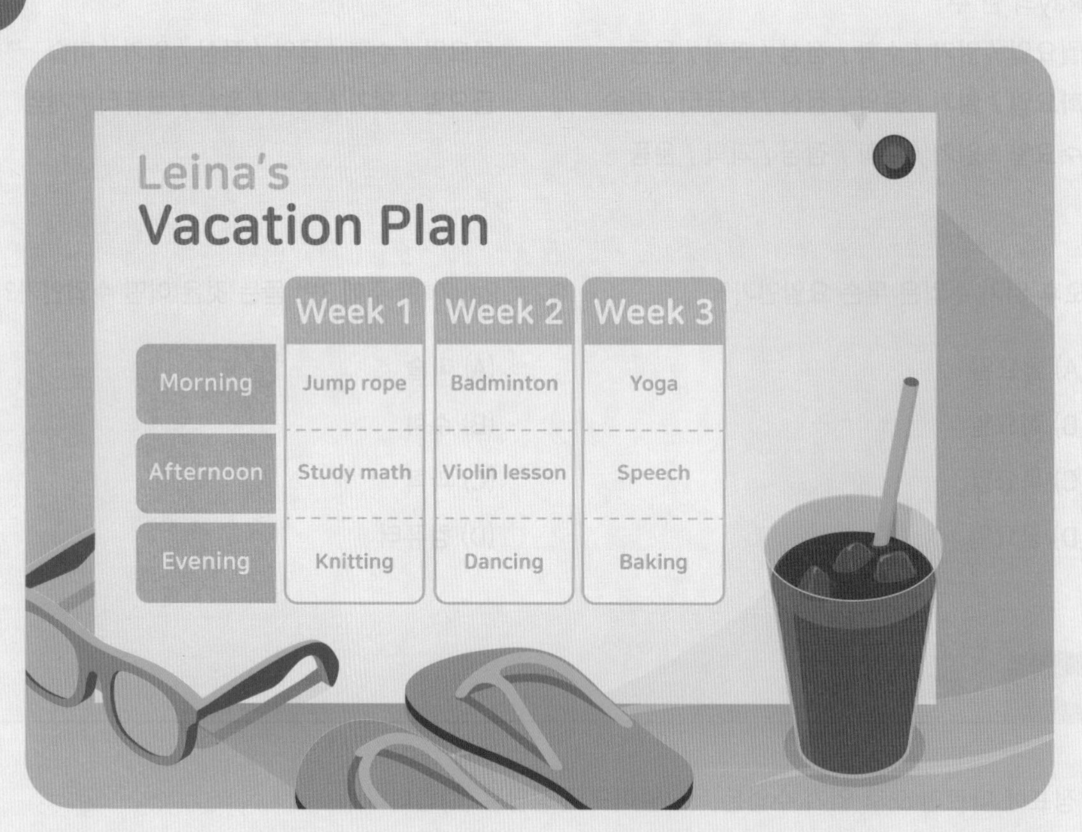

Q1. How long is Leina's vacation?

(A) 1 week
(B) 2 weeks
(C) 3 weeks
(D) 4 weeks

Q2. What does do in the morning of week 3?

(A) Yoga
(B) Speech
(C) Jump rope
(D) Badminton

해석 Text & Question

Text. Leina의 방학 계획 / 첫째 주 / 둘째 주 / 셋째 주
오전 / 줄넘기 / 배드민턴 / 요가
오후 / 수학공부 / 바이올린 수업 / 연설
저녁 / 뜨개질 / 무용 / (빵)굽기

Q1. Leina의 방학은 얼마 동안인가?

(A) 1주
(B) 2주
(C) 3주
(D) 4주

Q2. 셋째 주 오전에 Leina는 무엇을 하는가?

(A) 요가
(B) 연설
(C) 줄넘기
(D) 배드민턴

풀이 정답 (C), (A)

Q1. 방학 계획 일정표는 총 3주로 되어있으므로 정답은 (C)입니다.

Q2. 일정표에 따르면 셋째 주 오전 시간에 요가라고 나와 있으므로 정답은 (A)입니다.

Aα 어휘

n **vacation** 방학	n **plan** 계획	n **jump rope** 줄넘기
n **knitting** 뜨개질	n **yoga** 요가	n **badminton** 배드민턴
n **speech** 연설	n **baking** 베이킹	

Step 3. Practice Test

Q1

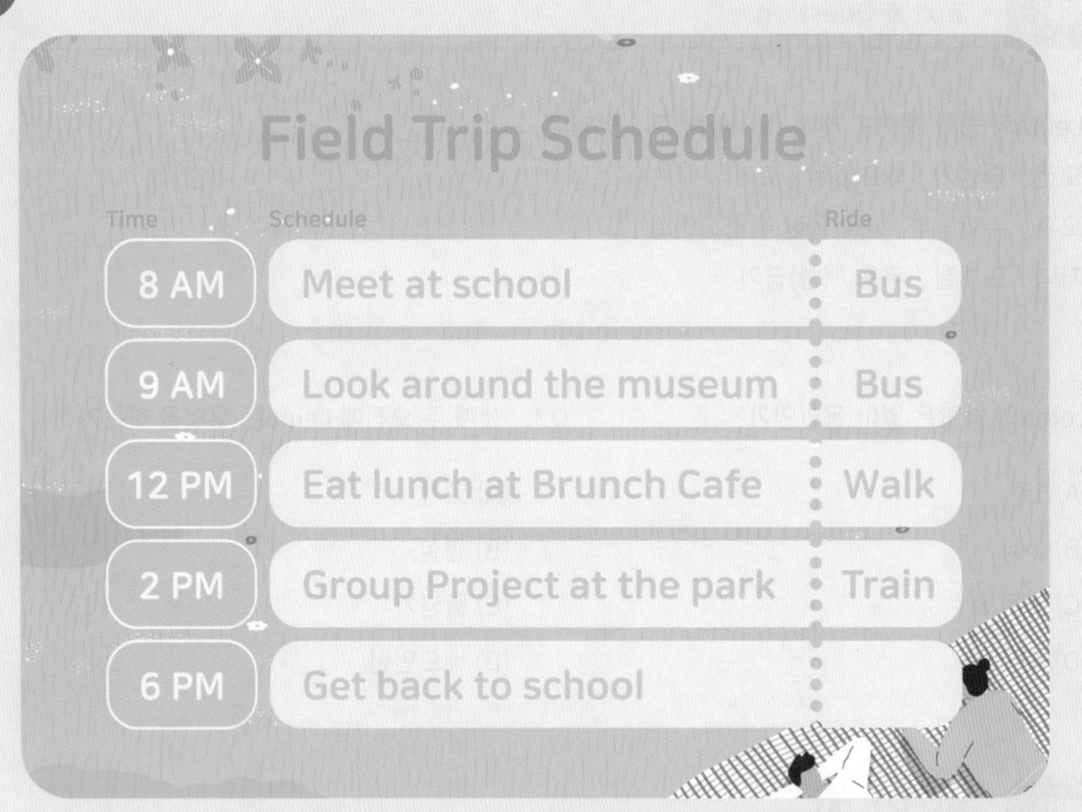

Q1. How do they get to Brunch Cafe?

(A) by walking

(B) by running

(C) by taking the bus

(D) by taking the train

Q2. What is the schedule before the group project?

(A) Meet at school

(B) Get back to school

(C) Eat lunch at Brunch Cafe

(D) Look around the museum

Q2

Jamie's Class Schedule

Monday

	Time	Subject	Classroom
Period 1	9:00-10:00	Math	Yellow Room
Period 2	10:00-11:00	English	Orange Room
Lunch	11:00-12:00		
Period 3	12:00-1:00	Science	Green Room
Period 4	1:00-2:00	Music	Music Room

Q1. What time does lunch time start?

(A) 10:00 AM
(B) 11:00 AM
(C) 12:00 PM
(D) 1:00 PM

Q2. What classroom does Jamie go to for science class?

(A) Yellow
(B) Orange
(C) Green
(D) Music

유형 5 안내문

실용문 읽고 질문에 답하기

안내문을 읽고 내용에 대한 질문에 대답하는 유형입니다.

안내문은 주로 포스터의 형태로 물건 또는 물건 구매에 대한 정보, 축제 홍보, 또는 공지문 등의 형태 등으로 출제됩니다.

Part C-1 Reading and Retelling

Q 2018년 TOSEL 기출문제

January is
our special month!

20% discount entry to the museum

Who?	Students under 18
When?	January 1 to 31, 2019
Where?	Rainbow City Museum

정답률 92.51%

Q1. Who gets a discount?

(A) babies

(B) teachers

(C) students

(D) grandparents

정답률 96.53%

Q2. Where is the discount?

(A) at the fair

(B) at the zoo

(C) at the museum

(D) at the supermarket

Step 1. Example

해석 Text & Question

Text. 1월은 우리의 특별한 달입니다! / 박물관 입장료 20% 할인
누구? 18살 미만의 학생들
언제? 2019년 1월 1일부터 1월 31일까지
어디? Rainbow 시립 박물관

Q1. 누가 할인을 받는가?

(A) 아기들
(B) 선생님들
(C) 학생들
(D) 조부모님들

Q2. 할인은 어디에서 받는가?

(A) 박람회에서
(B) 동물원에서
(C) 박물관에서
(D) 슈퍼마켓에서

풀이 정답 (C), (C)

Q1. 안내문의 '누구?'에 18살 미만의 학생들이라고 나와있으므로 정답은 (C)입니다.
Q2. 안내문의 '어디?'에 Rainbow 시립 박물관이라고 나와있으므로 정답은 (C)입니다.

Aa 어휘

n	**January**	1월	adj	**special**	특별한	n	**month**	달, 월
n	**discount**	할인	n	**entry**	입장	n	**museum**	박물관
n	**student**	학생						

TIP

실용문이 **무엇을 안내하고 있는지를 먼저 파악**한 후 질문을 읽고 정답을 찾는데 필요한 정보를 안내문에서 차근차근 찾을 수 있도록 합시다.

Q 2019년 TOSEL 기출문제

정답률 71.21%

Q1. What is NOT in the Kids' Summer Festival?

(A) light shows

(B) kid's games

(C) photo zones

(D) flower gardens

정답률 39.48%

Q2. How much are one adult and one kid ticket?

(A) $5

(B) $10

(C) $15

(D) $20

해석 Text & Question

Text. 꿈의 나라 / 어린이 여름 축제
재밌는 게임 / 아름다운 사진 찍는 곳 / 퍼레이드와 빛의 쇼
2019년 8월 / 오전 9시-오후 9시
표 / 성인 - 10달러 / 어린이 - 5달러

Q1. 어린이 여름 축제에 없는 것은 무엇인가?

(A) 빛의 쇼
(B) 어린이 게임
(C) 사진 찍는 곳
(D) 꽃의 정원

Q2. 성인 한명과 어린이 한명의 표 가격은 얼마인가?

(A) 5달러
(B) 10달러
(C) 15달러
(D) 20달러

풀이 정답 (D), (C)

Q1. 안내문에 따르면 어린이 여름 축제에 없는 것은 꽃의 정원으로 정답은 (D)입니다.

Q2. 안내문에 따르면 성인 한 명의 표 가격은 10달러이고 어린이 한 명의 표 가격은 5달러이므로 총 15달러입니다. 따라서 정답은 (C)입니다.

Aa 어휘

n	**kid**	어린이	n	**summer**	여름	n	**festival**	축제
n	**light**	빛	n	**photo**	사진	n	**zone**	구역
n	**flower**	꽃	n	**garden**	정원	n	**ticket**	표

Q1 2020년 TOSEL 기출문제

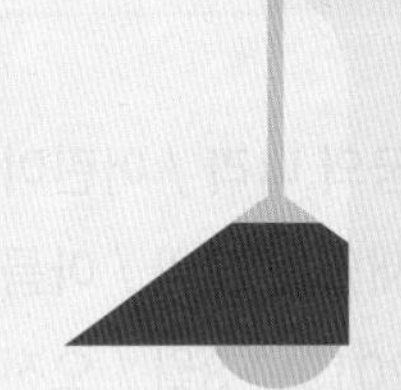

St. Peter's Central Library
New library hours

From January 2nd,
we will change the opening and closing time.

Monday to Friday
New opening time: 8 AM
New closing time: 7 PM

정답률 98.02%

Q1. When does the library change their opening hours?

(A) January 1st
(B) January 2nd
(C) February 1st
(D) February 2nd

정답률 96.26%

Q2. What is the library's new opening time?

(A) 7 AM
(B) 8 AM
(C) 7 PM
(D) 8 PM

Q2

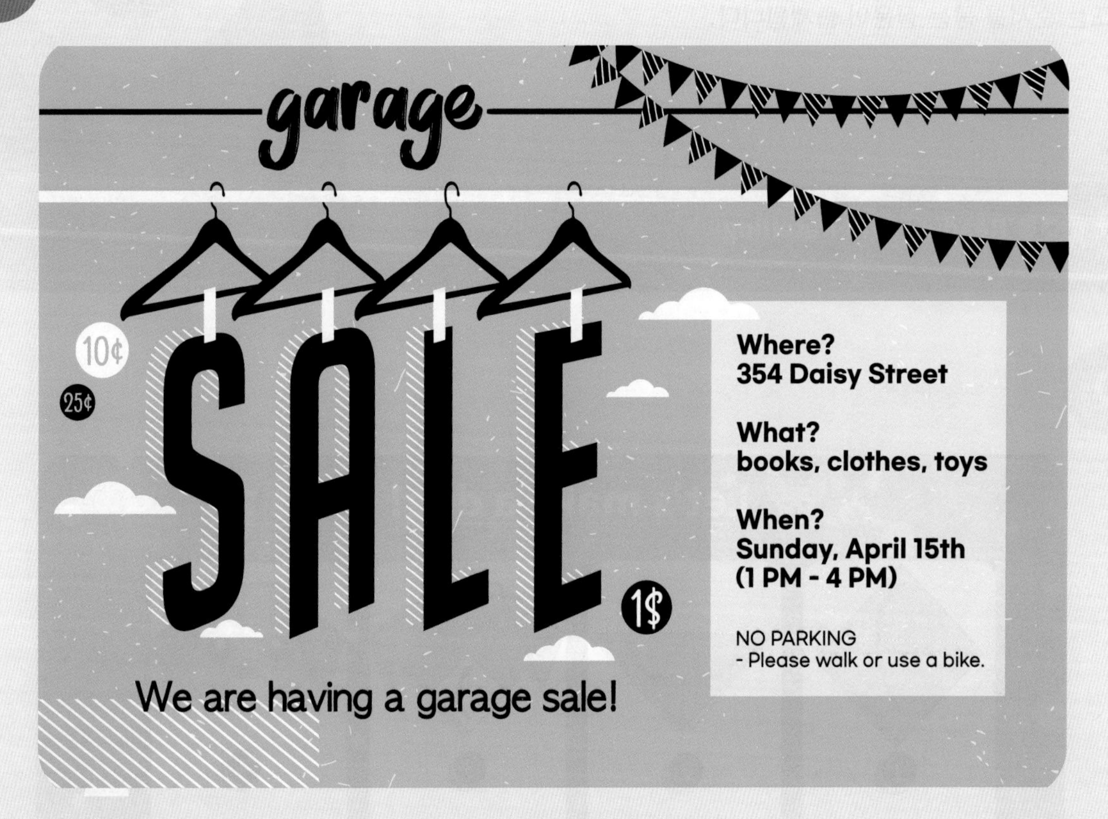

Q1. How long is the garage sale?

(A) 1 hour

(B) 2 hours

(C) 3 hours

(D) 4 hours

Q2. What can you NOT get at the garage sale?

(A) toys

(B) bikes

(C) books

(D) clothes

유형 6 지시문

실용문 읽고 질문에 답하기

지시문을 읽고 내용에 대한 질문에 대답하는 유형입니다.

주로 지시문이 무엇에 관한 것인지에 관한 질문
또는 순서를 묻는 질문이 출제됩니다.

Part C-1 Reading and Retelling

Q 2018년 TOSEL 기출문제

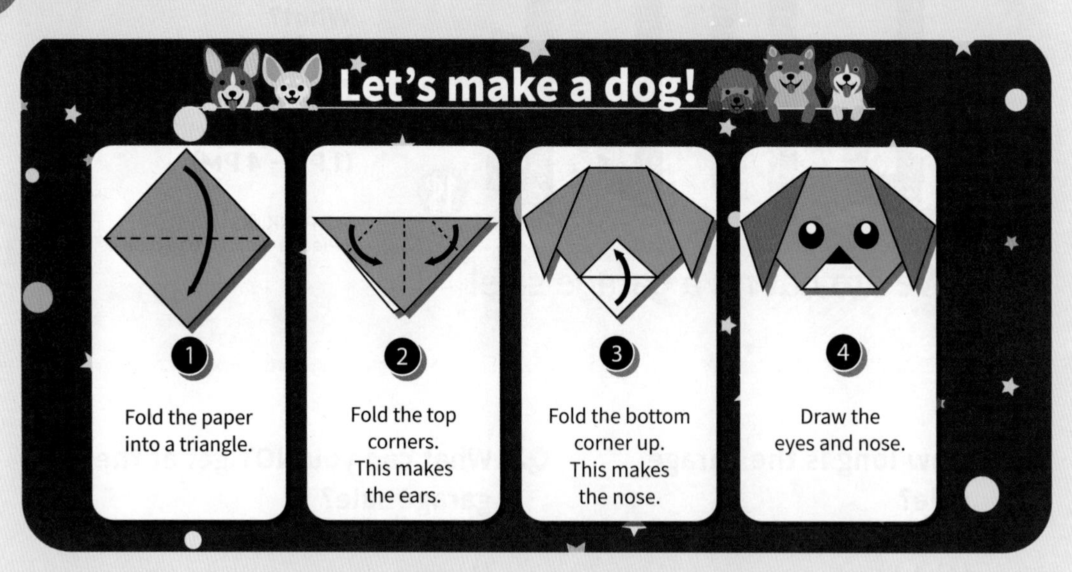

정답률 78.8%

Q1. What is this poster about?

(A) training a dog
(B) coloring a dog
(C) cutting a paper dog
(D) folding a paper dog

정답률 77.92%

Q2. Ken makes the nose. What does he do next?

(A) fold a triangle
(B) make the ears
(C) draw the eyes
(D) cut the mouth

Step 1. Example

해석 Text & Question

Text. 개를 만들어 봅시다!
종이를 세모 모양으로 접으세요.
맨 위 모서리를 접으세요. / 이건 귀를 만들어줍니다.
맨 아래 모서리를 위로 접으세요. / 이건 코를 만들어줍니다.
눈과 귀를 그리세요.

Q1. 무엇에 관한 포스터인가?

(A) 개를 훈련시키기
(B) 개(그림을) 색칠하기
(C) 종이 개를 오리기
(D) 종이 개를 접기

Q2. Ken은 코를 만든다. 그는 다음 무엇을 하는가?

(A) 세모를 접는다
(B) 귀를 만든다
(C) 눈을 그린다
(D) 입을 자른다

풀이 정답 (D), (C)

Q1. 포스터 전체의 내용을 보면 종이 개를 접는 방법에 대해 설명하고 있으므로 정답은 (D)입니다.
Q2. 코를 만들고 다음 순서를 보면 눈과 코를 그린다고 하였으므로 정답은 (C)입니다.

Aa 어휘

v **fold** 접다 n **top** 맨 위 n **triangle** 세모
n **corner** 모서리 v **draw** 그리다

TIP

순서를 나타내는 단어들을 미리 숙지해 놓으면 문제 풀기가 수월해집니다.
ex before ~전에 after ~후에 next 다음의

Q 2020년 TOSEL 기출문제

Wash your hands!

wet hands and use soap

palm to palm

between fingers

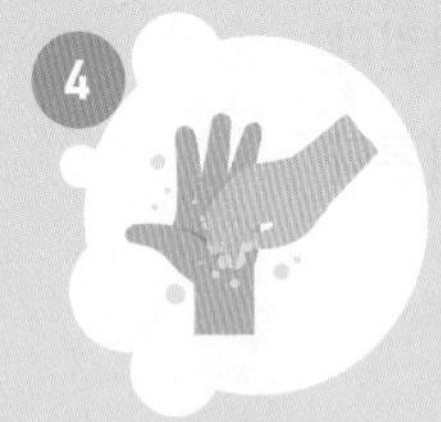

fingernails

rinse hands

dry hands

정답률 83.3%

Q1. What is the instruction about?

(A) how to buy soap
(B) how to use water
(C) how to wash hands
(D) how to cut fingernails

정답률 93.19%

Q2. Which is in step 1?

(A) Dry your hands.
(B) Wet your hands.
(C) Wave your hands.
(D) Cut your fingernails.

해석 Text & Question

Text. 손을 씻으세요!

1. 손을 적시고 비누를 사용하세요. / 2. 손바닥과 손바닥 / 3. 손가락 사이사이
4. 손톱 / 5. 손을 헹구세요. / 6. 손을 말리세요.

Q1. 지시문은 무엇에 관한 것인가?

(A) 비누를 사는 방법
(B) 물을 사용하는 방법
(C) 손을 씻는 방법
(D) 손톱을 깎는 방법

Q2. 첫 번째 순서에 있는 것은 무엇인가?

(A) 손을 말려라.
(B) 손을 적셔라.
(C) 손을 흔들어라.
(D) 손톱을 깎아라.

풀이 정답 (C), (B)

Q1. 포스터 전체의 내용을 보면 손을 깨끗이 씻는 방법이 차례대로 나와있으므로 정답은 (C)입니다.
Q2. 스텝 1에서는 손을 적시고 비누를 사용하라고 하였으므로 정답은 (B)입니다.

Aa 어휘

v	**wet**	적시다	n	**soap**	비누	prep	**between**	사이에
n	**palm**	손바닥	n	**finger**	손가락	n	**fingernail**	손톱
v	**rinse**	헹구다	v	**dry**	말리다			

Step 3. Practice Test

Q1 2019년 TOSEL 기출문제

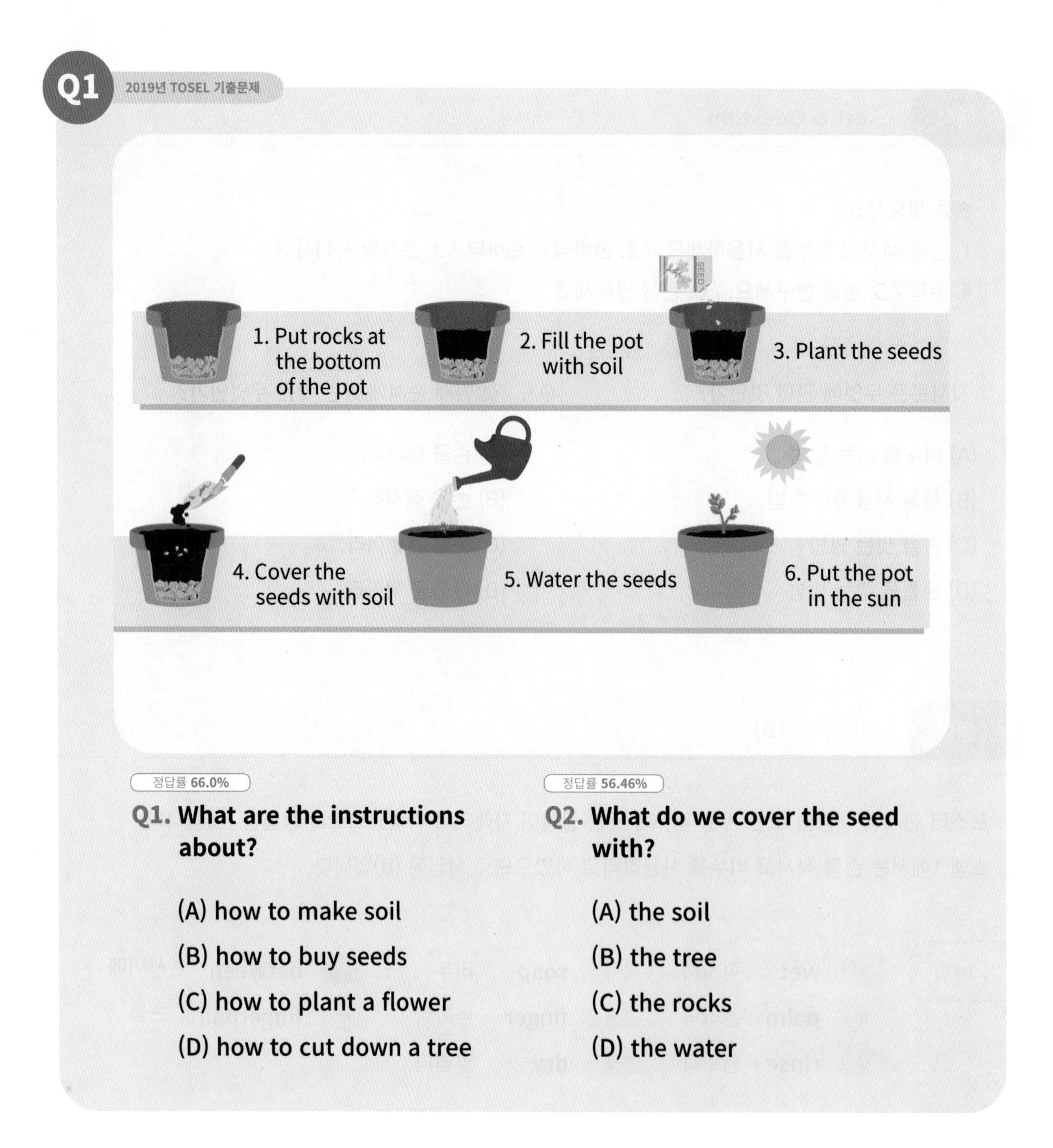

정답률 66.0%

Q1. What are the instructions about?

(A) how to make soil

(B) how to buy seeds

(C) how to plant a flower

(D) how to cut down a tree

정답률 56.46%

Q2. What do we cover the seed with?

(A) the soil

(B) the tree

(C) the rocks

(D) the water

Q2

Q1. What is the best title of this instruction?

(A) Buying a Bowl

(B) Eating Manners

(C) Making a Noodle

(D) Things in the Kitchen

Q2. What is the step after putting in hot water?

(A) Put in the salt.

(B) Eat the noodles.

(C) Put in the noodles.

(D) Wait for 5 minutes.

유형 7 기타 실용문

실용문 읽고 질문에 답하기

실생활에서 볼 수 있는 다양한 읽기 자료들을 읽고
내용에 대한 질문에 대답하는 유형입니다.

쿠폰, 지도, 상장 등 다양한 종류의 실용문들이 출제됩니다.

Part C-1 Reading and Retelling

Q 2021년 TOSEL 기출문제 정답률 87.89%

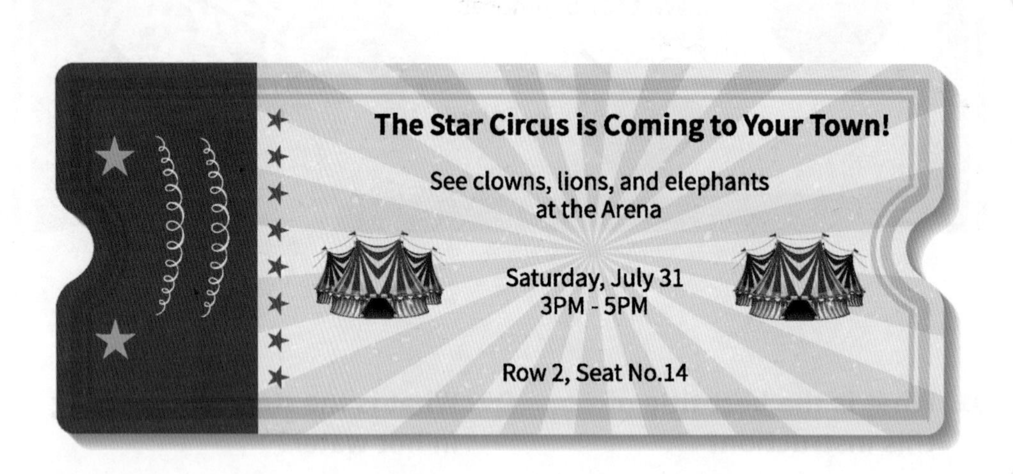

Q1. Which animals can you see at The Star Circus?

(A) birds
(B) lions
(C) hippos
(D) giraffes

Q2. What time does the circus end?

(A) 2 o'clock
(B) 3 o'clock
(C) 4 o'clock
(D) 5 o'clock

Step 1. Example

해석 Text & Question

Text. Star 서커스가 여러분의 마을에 옵니다!
아레나 경기장에서 광대, 사자, 코끼리를 보세요!
7월 31일 토요일 / 오후 3시부터 5시까지
2열, 좌석번호 14

Q1. Star 서커스에서 어떤 동물을 볼 수 있는가?

(A) 새
(B) 사자
(C) 하마
(D) 기린

Q2. 몇 시에 서커스가 끝나는가?

(A) 2시
(B) 3시
(C) 4시
(D) 5시

풀이 **정답 (B), (D)**

Q1. 서커스 표에 동물로 사자, 코끼리가 나오므로 정답은 (B)입니다.
Q2. 서커스 표에 오후 3시부터 5시까지 연다는 정보가 있으므로 정답은 (D)입니다.

n **clown** 광대
n **arena** 경기장, 무대
n **row** 열

TIP

자주 등장하지 않는 형태의 실용문이 시험에 나와도 당황하지 말고, 실용문이 **어떤 형태인지와 핵심 내용은 무엇인지**를 파악하고 차근차근 문제를 푼다면 정답을 잘 고를 수 있습니다.

Q 2019년 TOSEL 기출문제

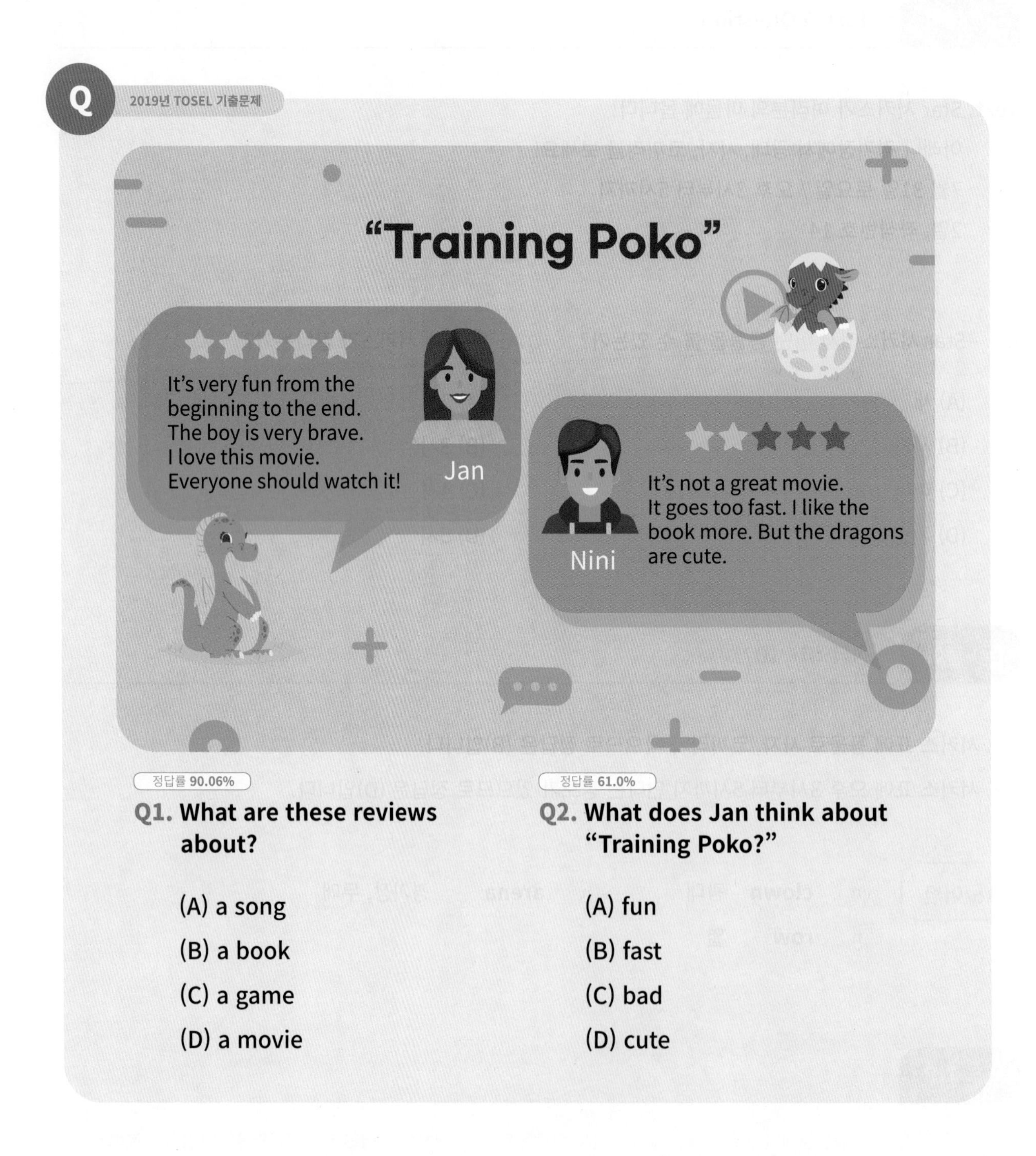

정답률 90.06%

Q1. What are these reviews about?

(A) a song

(B) a book

(C) a game

(D) a movie

정답률 61.0%

Q2. What does Jan think about "Training Poko?"

(A) fun

(B) fast

(C) bad

(D) cute

해석 Text & Question

Text. "포코를 훈련시키기"

Jan	Nini
이것은 처음부터 끝까지 너무 재미있어요.	이것은 좋은 영화는 아니에요.
소년이 매우 용감해요.	이것은 너무 빨리 전개돼요.
저는 이 영화가 아주 좋아요.	저는 책이 더 좋아요.
모두 이 영화를 보셔야만 해요!	하지만 용들은 귀여워요.

Q1. 이 후기평은 무엇에 대한 것인가요?

(A) 노래
(B) 책
(C) 게임
(D) 영화

Q2. Jan은 "Training Poko"에 대해 어떻게 생각하는가?

(A) 재미있는
(B) 빠른
(C) 나쁜
(D) 귀여운

풀이 정답 (D), (A)

Q1. 후기평에서 'movie'라는 단어가 나오고 영화에 대해 중점적으로 얘기하므로 정답은 (D)입니다.

Q2. Jan은 이 영화가 재미있다고 말하고 있으므로 정답은 (A)입니다.

Aa 어휘

n **beginning** 시작 adj **brave** 용감한 v **train** 훈련시키다
n **dragon** 용

Step 3. Practice Test

Q1 2018년 TOSEL 기출문제

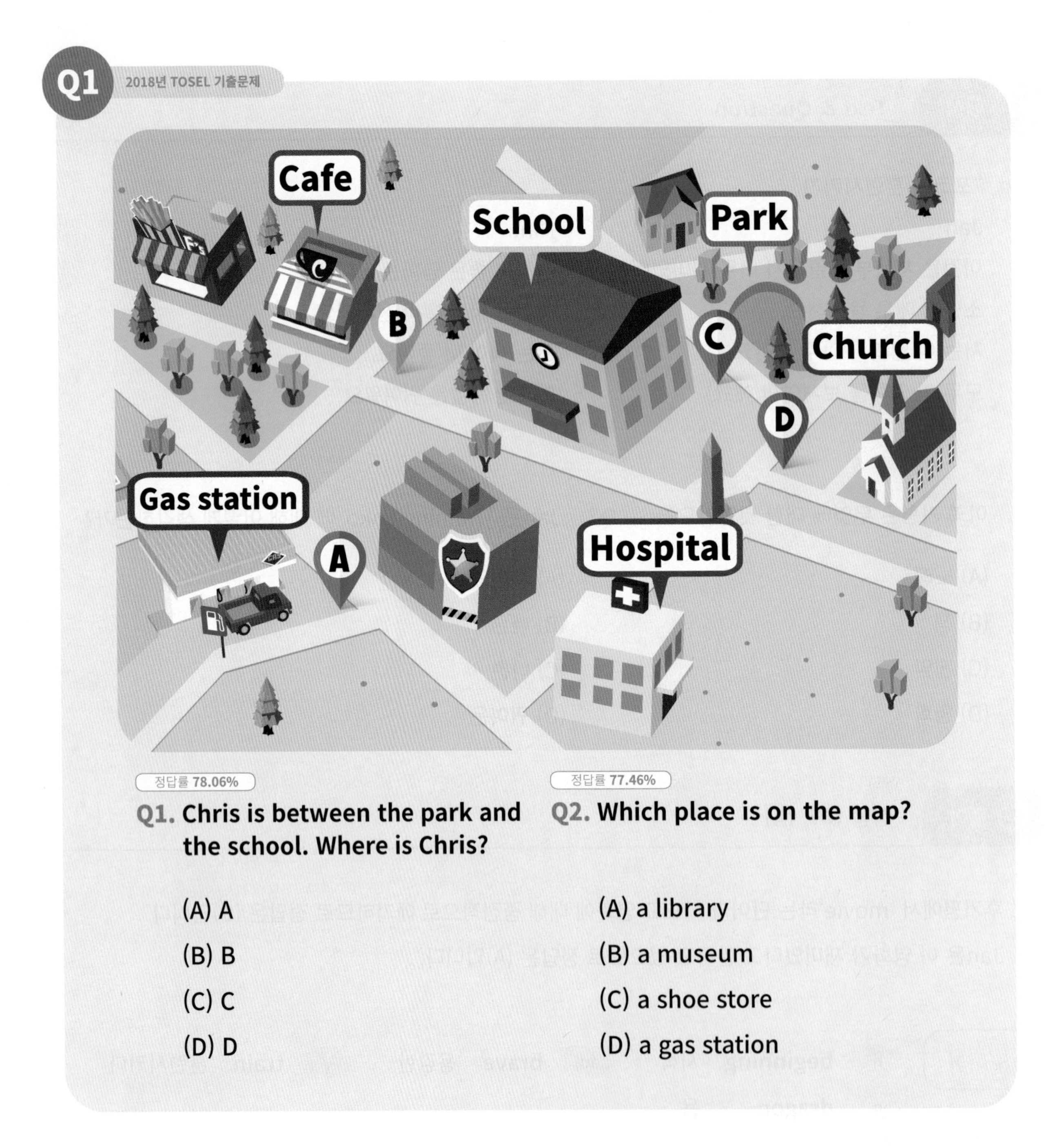

정답률 78.06%

Q1. Chris is between the park and the school. Where is Chris?

(A) A

(B) B

(C) C

(D) D

정답률 77.46%

Q2. Which place is on the map?

(A) a library

(B) a museum

(C) a shoe store

(D) a gas station

Q2 2018년 TOSEL 기출문제

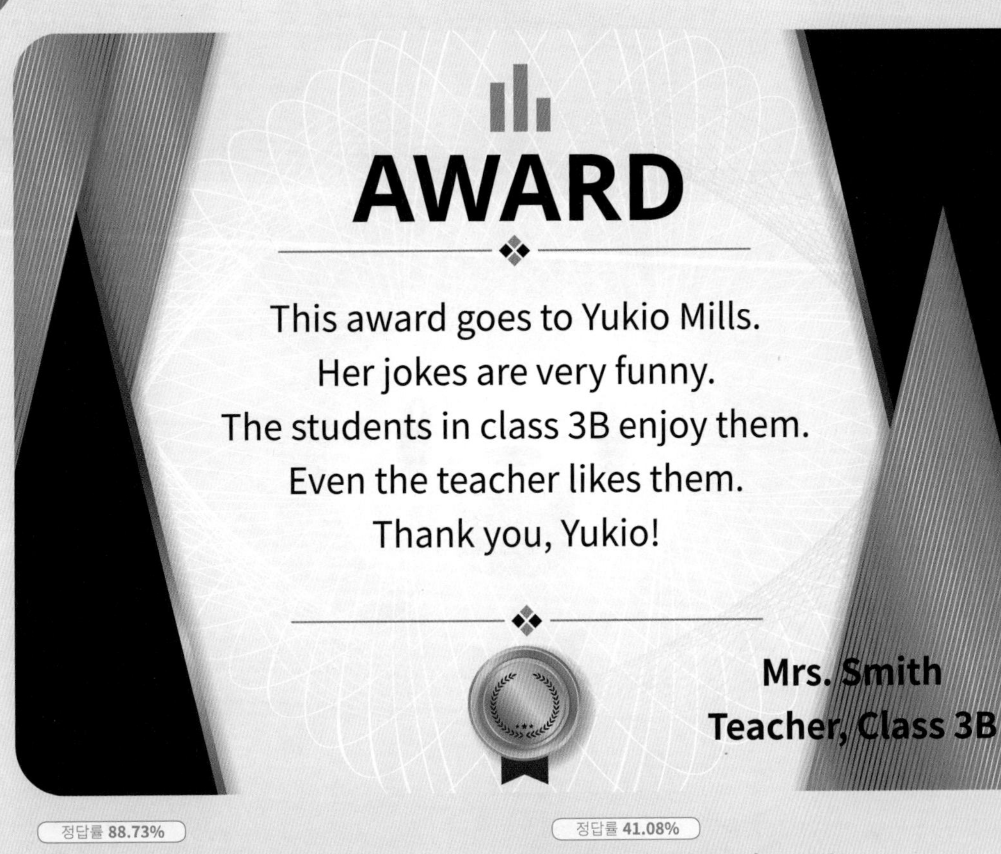

정답률 88.73%

Q1. What is the award for?

(A) art

(B) jokes

(C) music

(D) sports

정답률 41.08%

Q2. Who is the winner?

(A) Mrs. Smith

(B) Yukio Mills

(C) Class 3B's teacher

(D) Class 3B's students

Part C-2 Reading and Retelling

Part C-2 유형설명

유형	세부 내용	지문 수
본문 읽고 질문에 답하기	1. 제목/주제 찾기 2. 장소 / 시간 3. 특정 정보 파악	각 유형이 골고루 출제됨
총 3개 유형		총 2지문

DIRECTION

1. 17-20번까지 총 지문 2개, 각 지문 당 문항 2개씩 총 4문항으로 구성됩니다.

2. 제목이나 주제 찾기와 세부사항 찾기 두 가지 종류의 문항이 있으며, 총 4문항 중 1문항은 제목/주제 찾기, 3문항은 세부사항 문항이 출제됩니다. 세부사항 문제에서는 장소와 시간에 관련된 문항, 특정 정보 파악이 필요한 문항이 출제됩니다.

3. 다양한 주제에 대한 본문을 읽고 질문에서 묻는 정보를 찾아 적절한 답을 고르세요.

Part C-2 는 이렇게 준비하자!

❶ 자주 나오는 질문 유형을 공부해 두자!

자주 나오는 질문 유형을 공부해둔다면 지문을 읽고 질문에 대한 대답을 찾기가 훨씬 수월해집니다. 지문에서 집중적으로 찾아야할 것이 제목인지, 장소/시간 관련인지, 세부 정보에 대한 것인지를 파악한 후 정답을 찾는다면 정확한 답을 쉽게 찾을 수 있습니다.

❷ 질문에서 묻는 내용을 본문에서 잘 찾아보자!

질문의 문장과 본문의 문장이 같을 경우에는 답을 찾기가 쉽겠지만, 그렇지 않은 경우도 있습니다. 질문에서 묻는 내용이 무엇인지를 정확히 파악하고 본문에서 해당 정보가 어디에 있는지 찾아서 밑줄치거나 동그라미 표시해보세요. 보기에서 답을 찾는 것이 더 수월해질 것 입니다.

VOCA

n	vacation	방학	v	win	이기다
n	town	마을	adj	fresh	신선한
n	beach	해변	n	chocolate	초콜릿 
v	swim	수영하다	v	practice	연습하다
n	library	도서관	adj	excited	신난
v	hope	바라다	adj	late	늦은
n	stone	돌 	n	people	사람들
n	mountain	산 	adj	new	새로운

유형 1 제목/주제 찾기
본문 읽고 질문에 답하기

Part C-2 Reading and Retelling

본문을 읽고 본문의 내용에 가장 잘 어울리는 제목 또는 주제를 찾는 유형입니다.

본문을 읽으면서 본문에서 중심적으로 다뤄진 내용이 무엇인지, 강조되는 내용이 무엇인지 꼼꼼히 살펴보며 파악한 후 본문의 내용과 문제 속 보기의 내용과 비교하며 정답을 찾아보세요.

Q 2020년 TOSEL 기출문제

Ella is on a vacation. She wakes up very early in the morning. She goes to swim at the beach. Then, she has breakfast. She bikes around the town. In the evening, she learns to ride a horse. At night, she swims in the pool.

정답률 93.41%

Q1. What is the best title for the story?
전반적인 내용이 무엇인지 생각해보세요.

(A) Ella's Vacation
(B) Ella's New Pet
(C) Ella's Favorite Sport
(D) Ella's Swimming Suit

정답률 67.91%

Q2. When does Ella swim at the beach?
수영할 때가 언제인지 찾아보세요.

(A) at night
(B) at noon
(C) in the evening
(D) in the morning

Step 1. Example

해석 Text & Question

Text. Ella는 휴가 중이다. 그녀는 아침에 아주 일찍 일어난다. 그녀는 해변으로 수영을 하러 간다. 그러고 나서, 그녀는 아침식사를 한다. 그녀는 마을을 자전거를 타고 돌아다닌다. 저녁에는, 그녀는 말타는 법을 배운다. 밤에, 그녀는 수영장에서 수영을 한다.

Q1. 이야기에 가장 적합한 제목은 무엇인가?

(A) Ella의 방학
(B) Ella의 새 반려동물
(C) Ella가 가장 좋아하는 스포츠
(D) Ella의 수영복

Q2. Ella는 언제 해변에서 수영하는가?

(A) 밤에
(B) 정오에
(C) 저녁에
(D) 아침에

풀이 정답 (A), (D)

Q1. 본문의 첫번째 문장에서 Ella가 휴가 중이라는 것을 알 수 있고, 본문의 내용은 Ella가 하는 일들이므로 정답은 (A)입니다.

Q2. 지문에서 Ella가 아침 일찍 일어난다고 언급한 후 바로 다음 문장에 해변으로 수영을 간다고 하였으므로 정답은 (D)입니다.

Aa 어휘

n	**vacation**	방학	adv	**early**	일찍	n	**morning**	아침
n	**night**	밤	n	**beach**	해변	n	**breakfast**	아침식사
n	**bike**	자전거	v	**learn**	배우다	n	**evening**	저녁
n	**town**	마을	n	**horse**	말	v	**swim**	수영하다
v	**ride**	타다						

Step 2. Pattern Practice

Q 2019년 TOSEL 기출문제

Aida's town has a very good library. It has a lot of books. It has many new and old books. People can read on sofas or bean bags. Aida likes to lie down and read on a mat. She goes there every evening.

정답률 74.59%

Q1. What is the best title of the story?

(A) The Best School
(B) The Best Library
(C) The Biggest Book
(D) The Biggest Library

정답률 65.93%

Q2. Where does Aida like to read?

(A) on a mat
(B) on a floor
(C) on a big sofa
(D) on a bean bag

해석 Text & Question

Text. Aida의 마을에는 아주 좋은 도서관이 있다. 그곳에는 많은 책들이 있다. 그곳에는 많은 새 책과 오래된 책이 있다. 사람들은 소파나 빈백에 앉아서 책을 읽을 수 있다. Aida는 매트 위에 누워서 읽는 것을 좋아한다. 그녀는 매일 저녁에 그곳에 간다.

Q1. 이야기에 가장 적합한 제목은 무엇인가?

(A) 가장 좋은 학교
(B) 가장 좋은 도서관
(C) 가장 큰 책
(D) 가장 큰 도서관

Q2. Aida는 어디에서 책을 읽는 것을 좋아하는가?

(A) 매트에서
(B) 바닥에서
(C) 큰 소파에서
(D) 빈백에서

풀이 정답 (B), (A)

Q1. 본문에서는 Aida의 마을에 있는 도서관에 대해서 설명하고 있고 Aida가 그곳에 매일 가며 그곳을 좋아한다고 나와있으므로 정답은 (B)입니다.

Q2. 본문에서 Aida는 매트 위에 누워서 책을 읽는 것을 좋아한다고 하였으므로 정답은 (A)입니다.

Aa 어휘

n **town** 마을	n **library** 도서관	n **mat** 매트, 깔개
adj **new** 새로운	adj **old** 낡은	n **people** 사람들
v **lie** 눕다		

Step 3. Practice Test

Q1 2019년 TOSEL 기출문제

Joe sees a dentist every six months. The dentist checks his teeth and gums. She always gives him some stickers. She teaches him how to brush his teeth. His teeth are good and strong. Joe likes to go to the dentist.

정답률 45.19%

Q1. What is the best title of the story?

(A) Scary Dentist
(B) Funny Stickers
(C) Good Day at the Dentist
(D) Joe's Sad Dentist Story

정답률 84.67%

Q2. How often does Joe see a dentist?

(A) every year
(B) every month
(C) every 6 weeks
(D) every 6 months

On Sunday, Laura likes to spend her time at home. She wakes up late and enjoys late lunch. After that, she sits down in her cozy chair and reads her favorite book. She takes a warm bath before going to bed.

Q1. What is the best title for the story?

(A) Laura's Sunday
(B) Laura's Bedroom
(C) Laura's Cozy Chair
(D) Laura's Favorite Food

Q2. What does Laura do before going to bed?

(A) take a walk
(B) take a bath
(C) eat dinner
(D) eat snacks

유형 2 장소/시간
본문 읽고 질문에 답하기

Part C-2 Reading and Retelling

본문을 읽고 세부사항 중 장소 및 시간에 관련된 질문에 대한 정답을 찾는 유형입니다.

본문의 정보 중 장소와 시간을 나타내는 정보에 집중해서 가장 적절한 정답을 찾으세요.
장소를 묻는 의문사(Where), 시간을 묻는 의문사(When)를 알아두면 문제를 파악하기 더 수월합니다.

Q 2020년 TOSEL 기출문제

Milo makes a birdhouse from milk cartons. His birdhouse is yellow and green. He draws pictures on it, too. He puts some grass and stones in it. Then, he hangs it on a tree. He hopes birds come soon.

정답률 85.49%

Q1. Where does Milo put his birdhouse?
새집을 둔 장소를 찾아보세요.

(A) on a tree
(B) on a roof
(C) near a tree
(D) near a window

정답률 92.31%

Q2. What does Milo's birdhouse look like?
새집이 어떻게 생겼는지 찾아보세요.

(A) no colors
(B) plain white
(C) yellow and blue
(D) green and yellow

Step 1. Example

해석 Text & Question

Text. Milo는 우유팩으로 새집을 만든다. 그의 새집은 노란색과 초록색이다.
그는 그 위에 그림도 그린다. 그는 거기에 풀잎과 돌을 좀 넣는다.
그 다음에, 그는 그것을 나무 위에 매단다. 그는 새들이 곧 오길 바란다.

Q1. Milo는 어디에 그의 새집을 두는가?

(A) 나무 위에
(B) 지붕 위에
(C) 나무 근처에
(D) 창문 근처에

Q2. Milo의 새집은 어떻게 생겼는가?

(A) 색이 없다
(B) 흰색
(C) 노란색과 파란색
(D) 초록색과 노란색

풀이 정답 (A), (D)

Q1. 본문의 다섯 번째 문장에 따르면 Milo가 새집을 나무에 매단다고 했으므로 (A)가 정답입니다.
Q2. 본문의 두 번째 문장에 따르면 Milo의 새집은 노란색과 초록색이라고 했으므로 (D)가 정답입니다.

Aa 어휘

n	**green**	초록색	v	**draw**	그리다	n	**milk cartone**	우유 팩
n	**picture**	그림	n	**grass**	풀	n	**birdhouse**	새장, 새집
v	**hope**	바라다	n	**stone**	돌	v	**hang**	매달다
n	**yellow**	노란색						

Step 2. Pattern Practice

Q

Tiana and her family go skiing today. Tiana is very excited.
In the morning, they go to a high mountain. They all enjoy skiing.
In the afternoon, they take a rest. They eat dinner late at night.
They feel warm.

Q1. Where does Tiana's family go skiing?

(A) to a ski resort
(B) to a mountain
(C) to a ski camp
(D) to a park

Q2. When do they eat dinner?

(A) in the morning
(B) in the afternoon
(C) in the evening
(D) late in the night

해석 Text & Question

Text. Tiana와 그녀의 가족은 오늘 스키를 타러 간다. Tiana는 아주 신난다.
아침에, 그들은 높은 산에 간다. 그들은 모두 스키를 즐긴다. 오후에, 그들은 휴식을 가진다.
그들은 밤 늦게 저녁 식사를 한다. 그들은 따뜻하다.

Q1. Tiana의 가족은 어디로 스키 타러 가는가?

(A) 스키 리조트로
(B) 산으로
(C) 스키 캠프로
(D) 공원으로

Q2. 그들은 언제 저녁 식사를 하는가?

(A) 아침에
(B) 오후에
(C) 저녁에
(D) 늦은 밤에

풀이 정답 (B), (D)

Q1. 본문의 세 번째 문장에 따르면 그들은 높은 산에 간다고 했으므로 정답은 (B)입니다.
Q2. 본문의 여섯 번째 문장에 따르면 그들은 저녁식사를 밤 늦게 한다고 했으므로 정답은 (D)입니다.

Aa 어휘

adj	**warm**	따뜻한	n	**rest**	휴식	adj	**excited**	신이 난
n	**dinner**	저녁식사	v	**enjoy**	즐기다	n	**mountain**	산
adv	**late**	늦게	v	**feel**	느끼다	n	**afternoon**	오후

Step 3. Practice Test

Q1

Patty is a lazy dog. He sleeps ten hours a day. He wakes up at one in the afternoon. Then he eats breakfast and lunch all together! After he is full, Patty likes to sit next to the window, his favorite spot.

Q1. How many hours does Patty sleep?

(A) one
(B) five
(C) ten
(D) fifteen

Q2. Where is Patty's favorite place?

(A) next to the door
(B) behind the door
(C) next to the window
(D) behind the window

Q2

My father is a scientist. He works at a lab. I visit his lab every Tuesday to watch the interesting experiments. On Wednesdays, I write the experiment journals and my father reads them.

Q1. Where does the writer's father work?

(A) at a lab
(B) at a library
(C) at a school
(D) at a restaurant

Q2. When does the writer write the experiment journals?

(A) on Tuesdays
(B) on Wednesdays
(C) on Thursdays
(D) on Fridays

Part C-2 Reading and Retelling

본문을 읽고 본문에 나온 특정한 정보를 파악하여 정답을 찾는 유형입니다.

본문 내용의 어느 문장에서 질문에 대한 정답이 나와있는지 유심히 살피고 정답을 찾으세요.
질문 내용을 먼저 정확하게 파악하고 본문을 읽는 것이 본문 내용을 읽는 데에 더 도움이 됩니다.

Q 2020년 TOSEL 기출문제

Today's Zeki's big day. It is his school's sports day. He is on a soccer team. And he is the goal keeper. He practices every day. He is very excited. He wants to win.

정답률 80.28%

Q1. What day is it today?
오늘이 어떤 날인지 찾아보세요.

(A) Arts Day
(B) Sports Day
(C) Mother's Day
(D) Zeki's birthday

정답률 97.34%

Q2. How does Zeki feel?
Zeki의 감정이 어떤지 찾아보세요.

(A) sad
(B) lazy
(C) angry
(D) excited

Step 1. Example

해석 Text & Question

Text. 오늘은 Zeki의 중요한 날이다. 그의 학교의 스포츠 행사일이다. 그는 축구 팀에 있다.
그리고 그는 골키퍼이다. 그는 매일 연습한다. 그는 아주 신난다.
그는 이기고 싶어 한다.

Q1. 오늘은 무슨 날인가?

(A) 예술 행사일
(B) 스포츠 행사일
(C) 어머니의 날
(D) Zeki의 생일

Q2. Zeki는 어떤 기분인가?

(A) 슬픈
(B) 게으른
(C) 화난
(D) 신난

풀이 정답 (B), (D)

Q1. 본문의 두 번째 문장에 따르면 오늘은 스포츠 행사일이라고 했으므로 정답은 (B)입니다.
Q2. 본문의 여섯 번째 문장에서 Zeki는 신난다고 하였으므로 정답은 (D)입니다.

Aa 어휘

n	**soccer**	축구	n	**goal keeper**	골키퍼	v	**practice**	연습하다
adj	**excited**	신난	v	**win**	이기다			

Step 2. Pattern Practice

Q 2019년 TOSEL 기출문제

It's Otto's birthday today. His dad makes him a birthday cake. It is a chocolate cake. His dad puts fresh fruit on top. There is some strawberry, banana, and kiwi. Otto likes the cake a lot. His favorite food is chocolate.

정답률 83.63%

Q1. What is the cake like?

(A) It has fruit on top.
(B) It has fresh cream.
(C) It has candles inside.
(D) It has a blueberry flavor.

정답률 87.91%

Q2. Why does Otto like the cake?

(A) He likes fruit.
(B) He loves eating.
(C) He likes chocolate.
(D) He loves his mother.

해석 Text & Question

Text. 오늘은 Otto의 생일이다. 그의 아빠는 그에게 생일 케이크를 만들어준다.
그것은 초콜릿 케이크다. 그의 아빠는 (케이크의) 위에 신선한 과일을 올린다. 딸기, 바나나, 키위가 있다. Otto는 케이크를 아주 좋아한다. 그가 가장 좋아하는 음식은 초콜릿이다.

Q1. 케이크는 어떻게 생겼는가?

(A) 위에 과일이 있다.
(B) 생크림이 있다.
(C) 안에 초들이 있다.
(D) 블루베리 맛이다.

Q2. Otto는 왜 케이크를 좋아하는가?

(A) 그는 과일을 좋아한다.
(B) 그는 먹는 것을 무척 좋아한다.
(C) 그는 초콜릿을 좋아한다.
(D) 그는 그의 엄마를 사랑한다.

풀이 정답 (A), (C)

Q1. 본문의 네 번째 문장에서 아빠가 신선한 과일을 위에다가 올린다고 하였으므로 정답은 (A)입니다.

Q2. 마지막 두 문장에서 Otto는 케이크를 좋아한다고 하면서 그가 가장 좋아하는 음식이 초콜릿이라 했으므로 정답은 (C)입니다.

Aa 어휘

n	**chocolate**	초콜릿	adj	**fresh**	신선한	n	**strawberry**	딸기
n	**banana**	바나나	n	**kiwi**	키위			

Step 3. Practice Test

Q1

My aunt Becky has a very special job. She teaches how to surf.
She works at the beach. Every summer I visit her and learn to surf.
Sometimes I help her with lining up the surfboards. It is fun and cool.

Q1. What is Becky's job?

(A) animal doctor
(B) surfing teacher
(C) beach lifeguard
(D) surfboard seller

Q2. How does the writer help Becky?

(A) She cleans the beach.
(B) She teaches the students.
(C) She makes the surfboards.
(D) She lines up the supplies.

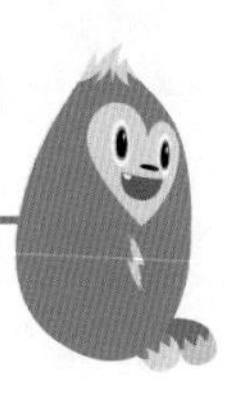

Q2

Bill's favorite toy is a yellow duck. It is his first toy. The toy is special. It makes a sound. Bill takes it everywhere. He has many toys but only plays with the duck.

Q1. What is the yellow duck?

(A) a toy
(B) a dog
(C) a place
(D) a sound

Q2. What is special about the duck?

(A) It is big.
(B) It can move.
(C) It makes a sound.
(D) It is one of many toys.

Appendix

Appendix

a

a lot of ··· 많은
after school ··· 방과 후에
afternoon ··· 오후
air ··· 공기
all together ··· 동시에
always ··· 항상
angry ··· 화난
ankle ··· 발목
April ··· 4월
art ··· 미술, 예술
aunt ··· 이모, 고모
award ··· 상

b

baby ··· 아기
backyard ··· 뒤뜰
bad ··· 나쁜
badminton ··· 배드민턴
bakery ··· 빵집
baking ··· (빵) 굽기, 베이킹
ball ··· 공
balloon ··· 풍선
banana ··· 바나나
basket ··· 바구니
basketball ··· 농구
beach ··· 해변
bear ··· 곰
beginning ··· 시작
behind ··· 뒤에
between ··· (위치가) 사이[중간]에
bigger ··· 더 큰
bike ··· 자전거, 자전거 타다
birdhouse ··· 새집
birthday ··· 생일
board ··· 칠판
book ··· 책
bottom ··· 맨 아래
bowl ··· 그릇
box ··· 상자
brave ··· 용감한
bread ··· 빵
breakfast ··· 아침, 아침식사
bring ··· 가져오다
broccoli ··· 브로콜리
brother ··· 남자형제
brush one's teeth ··· 양치하다
buy ··· 사다

c

cactus ··· 선인장
call ··· 전화하다
careful ··· 조심하는
cartoon ··· 만화
change ··· 바꾸다
chase ··· 쫓다
check ··· 점검하다, 확인하다
cheek ··· 볼
chocolate ··· 초콜렛
classroom ··· 교실
clean ··· 청소하다
close ··· 닫다

Appendix

clothes ········ 옷
clown ········ 광대
collect ········ 모으다
computer ········ 컴퓨터
cookie ········ 쿠키
cooking ········ 조리
corner ········ 모서리
costume ········ 의상, 복장
cover ········ 덮다
cozy ········ 아늑한
create ········ 만들다
cry ········ 울다
cup ········ 컵
curly ········ 곱슬곱슬한
cut ········ 자르다

d

dentist ········ 치과의사
desk ········ 책상
diary ········ 일기
dinner ········ 저녁식사
discount ········ 할인
dish ········ 요리
dog ········ 개
donkey ········ 당나귀
dragon ········ 용
draw ········ 그리다
dress ········ 원피스; 드레스
drink ········ 음료, 마실 것
drive ········ 운전하다
dry ········ 말리다
duck ········ 오리

e

early ········ 일찍
easily ········ 쉽게
eat ········ 먹다
elbow ········ 팔꿈치
elephant ········ 코끼리
empty ········ 비어있는
enjoy ········ 즐기다
entry ········ 입장
eraser ········ 지우개
even ········ 심지어 ~도
evening ········ 저녁
every ········ 매~, 모든~
every day ········ 매일
excited ········ 신이 난, 흥분되는
exercise ········ 운동하다
experiment ········ 실험

f

farmer ········ 농부
fast ········ 빠른, 빠르게
fat ········ 뚱뚱한
favorite ········ 가장 좋아하는
February ········ 2월
feed ········ 먹이다, 먹이를 주다
feel ········ 느끼다
feet ········ 발
fence ········ 울타리
festival ········ 축제

fill ··· 채우다
finger ··· 손가락
fingernail ··· 손톱
fire ··· 불
fireplace ··· 벽난로
first ··· 첫
fish ··· 생선
flower ··· 꽃
fly ··· 날다
fold ··· 접다
fourteen ··· 14
fresh ··· 신선한
Friday ··· 금요일
fried ··· 볶은, 구운
fried rice ··· 볶음밥
friend ··· 친구
fruit ··· 과일
full ··· 가득 찬

g

garage sale ··· 중고 물품 판매
garden ··· 정원
gas station ··· 주유소
gift ··· 선물
give ··· 주다
glasses ··· 유리(잔)
go ··· 가다
go fishing ··· 낚시하러 가다
go to bed ··· 자다
goal keeper ··· 골키퍼
grandparent ··· 할아버지 할머니; 조부모
grape ··· 포도
grass ··· 풀
green ··· 초록색
guest ··· 손님
gum ··· 잇몸

h

hair ··· 머리카락
half ··· 반, 30분
hang ··· 매달다, 걸다
hard ··· 열심히
hat ··· 모자
here ··· 여기에[서]
hide ··· 숨기다
home ··· 집
hope ··· 바라다
horse ··· 말
hot ··· 뜨거운, 더운
hour ··· 시간
house ··· 집
how to ··· ~하는 법

i

interesting ··· 흥미로운
invite ··· 초대하다

j

January ··· 1월
jar ··· 항아리
job ··· 직업
joke ··· 농담

Appendix

journal ········ 일기, 일지
jump rope ········ 줄넘기

k

kid ········ 아이
kitchen ········ 부엌
kiwi ········ 키위

l

lab ········ 실험실
late ········ 늦게, 늦은
lazy ········ 게으른
learn ········ 배우다
left ········ 왼쪽의
library ········ 도서관
lie ········ 거짓말하다, 눕다
lifeguard ········ 안전요원
light ········ 빛, 전등
like ········ 좋아하다
live ········ 살다
look at ········ ~를 보다
loudly ········ 크게
lunch ········ 점심

m

many ········ 많은
March ········ 3월
market ········ 시장
mat ········ 매트, 깔개
math ········ 수학
May ········ 5월
meat ········ 고기
messy ········ 지저분한
milk carton ········ 우유 팩
minute ········ 분
model ········ 모형
Monday ········ 월요일
monster ········ 괴물
month ········ 달, 월
morning ········ 아침, 오전
mountain ········ 산
museum ········ 박물관
mushroom ········ 버섯
music ········ 음악

n

name ········ 이름
need ········ 필요하다
new ········ 새로운
night ········ 밤
noodle ········ 국수
November ········ 11월
now ········ 지금

o

o'clock ········ ~시 정각
October ········ 10월
old ········ 나이가 ~인, 낡은, 오래된
open ········ 열다
orange ········ 오렌지, 주황색의
order ········ 주문하다
over ········ 넘게

p

paint ········· 칠하다
palm ········· 손바닥
park ········· 공원
parking ········· 주차
party ········· 파티
past ········· 지난
pear ········· 배
people ········· 사람들
period ········· 시간, 교시
phone ········· 전화(기)
photo ········· 사진
picture ········· 그림
pillow ········· 베개
pizza ········· 피자
plan ········· 계획
plant ········· 식물, 심다
play ········· 놀다
please ········· 부디, 제발
point ········· 가리키다
pool ········· 수영장
pot ········· 화분, 단지, 냄비
practice ········· 연습하다
public ········· 공공의
pull ········· 잡아당기다
put ········· 놓다, 두다

q

quarter ········· 15분
quietly ········· 조용히

r

raincoat ········· 우비
read ········· 읽다
reading ········· 읽기
red ········· 빨간
rest ········· 휴식
restaurant ········· 식당
ride ········· 타다, 타고 가기
right ········· 오른쪽
rinse ········· 헹구다
room ········· 방
round ········· 둥근
row ········· 열
run ········· 달리다
runner ········· 달리는 사람

s

sadly ········· 슬프게
Saturday ········· 토요일
schedule ········· 일정
school ········· 학교
science ········· 과학
scientist ········· 과학자
scoop ········· 숟갈
seafood ········· 해산물
second ········· 두번째
see ········· 보다
seed ········· 씨(앗)
sell ········· 팔다
seller ········· 판매원
seventh ········· 일곱 번째

Appendix

sharp ··· 날카로운
sick ··· 아픈
sister ··· 여자형제
sixth ··· 여섯 번째
sleep ··· 자다
sleigh ··· 썰매
slow ··· 느린
slowly ··· 느리게
soap ··· 비누
soccer ··· 축구
sofa ··· 소파
soft drink ··· 탄산음료
soil ··· 흙
sound ··· 소리
special ··· 특별한
speech ··· 연설
spend ··· (시간을) 보내다
sports ··· 운동
spot ··· 곳[장소/자리]
stadium ··· 경기장
start ··· 시작하다
stone ··· 돌
straight ··· 곧은
strawberry ··· 딸기
street ··· ~가, 거리
strong ··· 강한, 튼튼한
student ··· 학생
study ··· 공부하다
subject ··· 과목
summer ··· 여름
Sunday ··· 일요일
sunshine ··· 햇빛
supplies ··· 도구, 공구
swim ··· 수영하다
swimsuit ··· 수영복

t

table ··· 테이블, 식탁
take pictures ··· 사진을 찍다
talk ··· 말하다
teach ··· 가르치다
teacher ··· 선생님
teeth ··· 치아
than ··· ~보다
then ··· 그 다음에
thin ··· 마른
third ··· 세 번째
thirty ··· 30
ticket ··· 표
tiger ··· 호랑이
today ··· 오늘
together ··· 함께
tomorrow ··· 내일
top ··· 맨 위
town ··· 마을
toy ··· 장난감
train ··· 기차, 훈련시키다
triangle ··· 세모
tuna ··· 참치
turn off ··· 끄다
turtle ··· 거북이

u

under ······ 아래에

v

vacation ······ 방학
vegetable ······ 채소
vest ······ 조끼
visit ······ 방문하다

w

wait ······ 기다리다
wake ······ 깨다
wake up ······ 일어나다
walk ······ 걷다
warm ······ 따뜻한
wash ······ 씻다, 씻기다
water ······ 물, 물을 주다
watermelon ······ 수박
wear ······ 입다[착용하다]
week ······ 주
well ······ 잘
wet ······ 적시다, 젖은
what ······ 무엇
when ······ 언제
where ······ 어디서, 어디에
win ······ 이기다
window ······ 창문
work ······ 일하다
wrist ······ 손목
write ······ (글을) 쓰다

y

yellow ······ 노란색
yoga ······ 요가

z

zone ······ 구역

memo

AI 빅데이터 기반 영어성장 플랫폼

TOSEL® Lab

공동기획

- 고려대학교 문과대학 언어정보연구소
- 고려대학교 공과대학 기계학습 및 빅 데이터연구원
- 국제토셀위원회

TOSEL Lab이란?

엄선된 100만 명의 응시자 성적 데이터를 활용한 AI기반 데이터 공유 및 가치 고도화 플랫폼

국내외 15,000여 개 학교·학원 단체응시인원 중 엄선한 100만 명 이상의 실제 TOSEL 성적 데이터와, 정부(과학기술정보통신부)의 연구지원으로 개발된 **맞춤식 AI 빅데이터 기반 영어성장 플랫폼**입니다.

TOSEL Lab Brand Identity

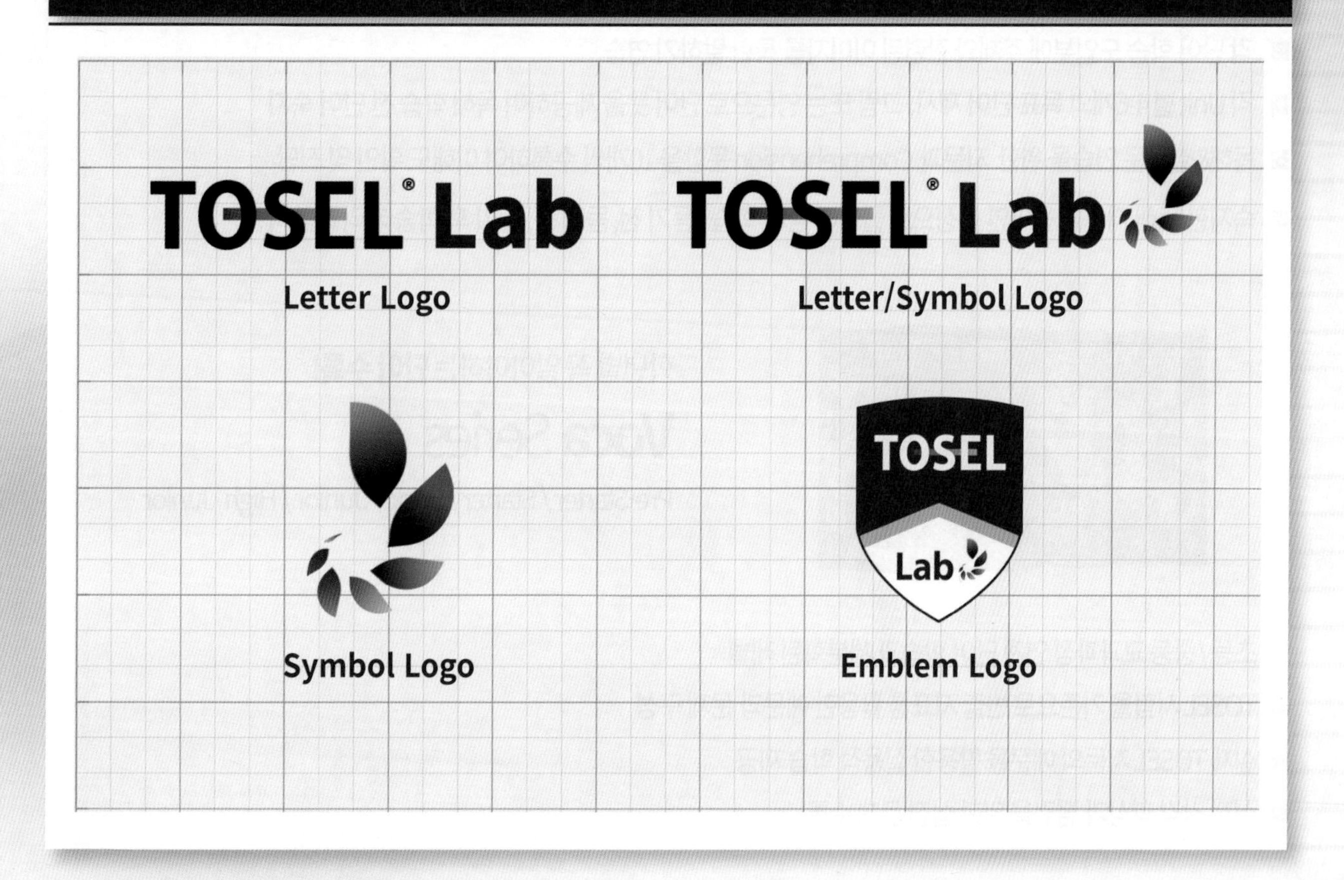

TOSEL Lab에는 어떤 콘텐츠가 있나요?

진단

맞춤형 레벨테스트로
정확한 평가 제공

Placement Test

응시자 빅데이터 분석에 기반한 테스트로 신규 상담 학생의 영어능력을 정확하게 진단하고 효과적인 영어 교육을 실시하기 위한 객관적인 가이드라인을 제공합니다.

교재

세분화된 레벨로
실력에 맞는 학습 제공

Book Content

TOSEL의 세분화된 교재 레벨은 각 연령에 맞는 어휘와 읽기 지능 및 교과 과정과의 연계가 가능하도록 설계된 교재들로 효과적인 학습 커리큘럼을 제공합니다.

자기주도학습

교재와 연계한 다양한 콘텐츠로
효과적인 학습 제공

Study Content

TOSEL 시험을 대비한 다양한 콘텐츠를 제공해 영어 학습에 시너지 효과를 기대할 수 있으며, 학생들의 자기주도 학습 습관을 더 탄탄하게 키울 수 있습니다.

내신과 토셀 고득점을 한꺼번에!

Reading Series

Pre-Starter / Starter / Basic / Junior / High Junior

- 각 단어 학습 도입부에 주제와 관련된 이미지를 통한 말하기 연습
- 각 Unit 별 4-6개의 목표 단어 제시, 그림 또는 영문으로 단어 뜻을 제공하여 독해 학습 전 단어 숙지
- 독해&실용문 연습을 위한 지문과 Comprehension 문항을 10개씩 수록하여 이해도 확인 및 진단
- 숙지한 독해 지문을 원어민 음성으로 들으며 듣기 학습, 듣기 전, 듣기 중, 듣기 후 학습 커리큘럼 마련

학년별 꼭 알아야하는 **단어 수록!**

Voca Series

Pre-Starter / Starter / Basic / Junior / High Junior

- 초등 / 중등 교과과정 연계 단어 학습과 세분화된 레벨
- TOSEL 시험을 기준으로 빈출 지표를 활용한 예문과 문제 구성
- 실제 TOSEL 지문의 예문을 활용한 실용적 학습 제공
- 실전 감각 향상과 점검을 위한 실전 문제 수록

체계적인 단계별 **문법 지침서**

Grammar Series

Pre-Starter / Starter / Basic / Junior / High Junior

- 초등/중등 교과과정 연계 문법 학습과 세분화된 레벨
- TOSEL 기출 문제 연습과 최신 수능 출제 문법을 포함하여 수능/내신 대비 가능
- 이해하기 쉬운 그림, 깔끔하게 정리된 표와 설명, 다양한 문제를 통해 문법 학습
- 실전 감각 향상과 점검을 위한 기출 문제 수록

한국 학생들에게 최적화된 듣기 실력 완성!

Listening Series

Pre-Starter / Starter / Basic / Junior / High Junior

- 초등/중등 교과과정 연계 말하기&듣기 학습과 세분화된 레벨
- TOSEL 기출 문장과 실생활에 자주 활용되는 문장 패턴을 통해 듣기 및 말하기 학습
- 실제 TOSEL 지문의 예문을 활용한 실용적 학습 제공
- 실전 감각 향상과 점검을 위한 기출 문제 수록

재미와 실력이 **동시에!**

Story Series

Pre-Starter / Starter / Basic / Junior

- 초등/중등 교과과정 연계 영어 학습과 세분화된 레벨
- 이야기 지문과 단어를 함께 연결지어 학생들의 독해 능력을 평가
- 이해하기 쉬운 그림, 깔끔하게 정리된 표와 설명, 다양한 문제, 재미있는 스토리를 통한 독해 학습
- 다양한 단계의 문항을 풀어보고 학생들의 읽기, 듣기, 쓰기, 말하기 실력을 집중적으로 향상

교재를 100% 활용하는 TOSEL Lab 지정교육기관의 노하우!

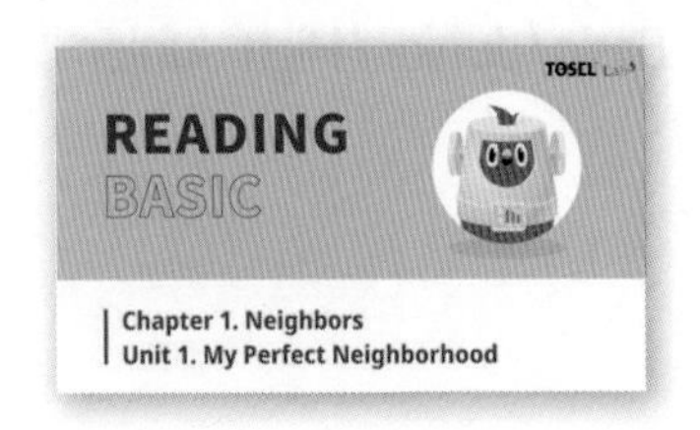

Teaching Materials

TOSEL에서 제공하는 수업 자료로
교재 학습을 더욱 효과적으로 진행!

Study Content

철저한 자기주도학습 콘텐츠로
교재 수업 후 효과적인 복습!

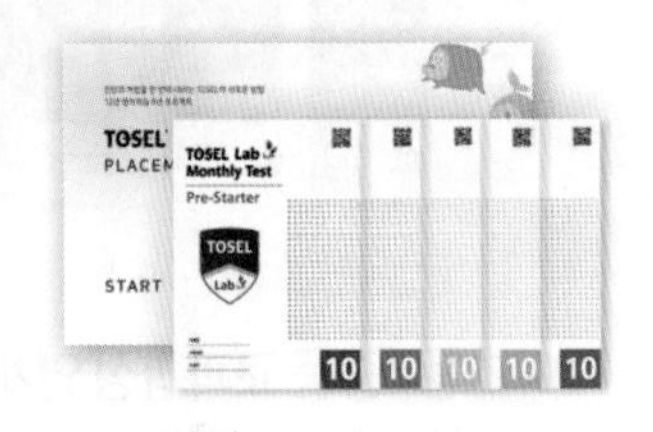

Test Content

교재 학습과 더불어 학생 맞춤형
시험으로 실력 점검 및 향상

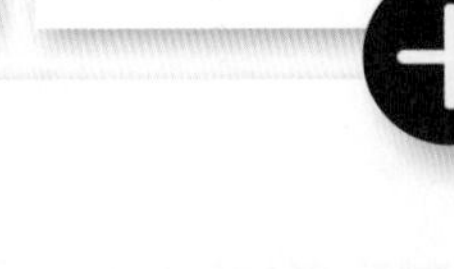

Book Content

100만 명으로 엄선된 TOSEL
성적 데이터로 탄생!

국제토셀위원회는 TOSEL Lab 지정교육기관에서 교재로
수업하는 학원을 위해 교재를 잘 활용할 수 있는 다양한
콘텐츠를 제공 및 지원합니다.

**TOSEL Lab 지정교육기관을 위한 콘텐츠로
더욱 효과적인 수업을 경험하세요.**

TOSEL Lab 지정교육기관은

국제토셀위원회 직속 TOSEL연구소에서 20년 동안 보유해온 전국 15,000여 개 교육기관 토셀 응시자들의 영어성적 분석데이터를 공유받아, 통계를 기반으로 한 전문적이고 과학적인 커리큘럼을 설계하고, 영어학습 방향을 제시하여, 경쟁력있는 기관, 잘 가르치는 기관으로 해당 지역에서 입지를 다지게 됩니다.

**TOSEL Lab 지정교육기관으로 선정되기 위해서는
소정의 심사 절차가 수반됩니다.**

TOSEL Lab
더 알아보기

Tel. 02-953-0202
www.lab.tosel.co.kr

TOSEL Lab
심사신청하기

TOSEL 유형분석집

STARTER

Section II.
Reading & Writing

ANSWERS

국제 토셀 위원회

TOSEL®
유형분석집

STARTER
정답 및 해설

Part A. Sentence Completion

유형 1 – 빈칸에 맞는 단어 고르기: 명사의 복수 (p.28)

1. She has two _______.

(A) brother
(B) brothers
(C) a brother
(D) a brothers

해석 그녀는 두 명의 _______ 이(가) 있다.

(A) 남자형제
(B) 남자형제들
(C) 남자형제 한 명
(D) 남자형제 한 명들 (틀린 표현)

풀이 문제에서 빈칸 앞에 둘이라는 단어를 의미하는 two가 있으므로 빈칸에는 명사의 복수형이 들어가야 정답입니다. (D)는 복수명사 앞에 단수를 나타내는 관사 a가 붙어있으므로 틀린 표현으로 오답입니다.

정답 (B)

Words and Phrases brother 남자형제

2. I can eat two _______ of noodles.

(A) bowl
(B) bowls
(C) a bowl
(D) the bowl

해석 나는 국수 두 _______ 을(를) 먹을 수 있다.

(A) 그릇
(B) 그릇들
(C) 그릇 하나
(D) 그 그릇

풀이 문제의 "two"를 보면 복수형을 찾는 문제인 것을 알 수 있고 (A), (C), (D)는 단수형이므로 오답입니다. 정답은 복수형인 (B)입니다.

정답 (B)

Words and Phrases eat 먹다 | bowl 그릇 | noodle 국수

3. There are _______ on the desk.

(A) glass
(B) a glass
(C) glasses
(D) a glasses

해석 책상 위에 _______ 이(가) 있다.

(A) 유리(잔)
(B) 유리(잔) 하나
(C) 유리잔들
(D) 한 안경들 (틀린 표현)

풀이 문제에서 복수형 be동사 'are'이 있으므로 빈칸에는 명사의 복수형이 들어가야 정답입니다. 그렇다면 (C)와 (D)가 복수형 명사인데, 복수형 명사에는 하나를 나타내는 관사 'a'가 나올 수 없으므로 (D)는 오답이고, 정답은 (C)입니다.

정답 (C)

Words and Phrases desk 책상 | glass 유리(잔)

4. I have three _______.

(A) turtle
(B) turtles
(C) my turtle
(D) my turtles

해석 나는 세 개의 _______ 이(가) 있다.

(A) 거북이
(B) 거북이들
(C) 내 거북이
(D) 내 거북이들

풀이 문제에서 빈칸 앞에 셋이라는 단어를 의미하는 three가 있으므로 빈칸에는 명사의 복수형이 들어가야 정답입니다. 그렇다면 (B)와 (D)가 복수형 명사인데, 숫자 뒤에는 my와 같은 소유격을 나타내는 단어가 나올 수 없으므로 (D)는 오답이고, 정답은 (B)입니다.

정답 (B)

Words and Phrases turtle 거북이

유형 2 – 빈칸에 맞는 단어 고르기: 대명사 (p.34)

1. _______ go to the park on Sundays.

   (A) I
   (B) It
   (C) He
   (D) She

해석 _______ 은(는) 일요일마다 공원에 간다.

   (A) 나
   (B) 그것
   (C) 그
   (D) 그녀

풀이 빈칸 뒤의 동사는 원형으로 주어 자리에는 1인칭이거나 복수형인 것을 알 수 있습니다. 따라서 (A)가 정답입니다.

정답 (A)

Words and Phrases park 공원 | Sunday 일요일

2. Are _______ students?

   (A) I
   (B) he
   (C) she
   (D) they

해석 _______ 은(는) 학생들입니까?

   (A) 나
   (B) 그
   (C) 그녀
   (D) 그들

풀이 be동사 are과 복수명사 students가 함께 나와있기 때문에 빈칸에 들어갈 주어는 복수형입니다. 따라서 (D)가 정답입니다.

정답 (D)

Words and Phrases student 학생

3. _______ don't have an eraser.

   (A) I
   (B) He
   (C) She
   (D) I am

해석 _______ 는 지우개가 없다.

   (A) 나
   (B) 그
   (C) 그녀
   (D) 나는

풀이 don't는 일반동사의 부정문을 나타내며 3인칭 단수 주어를 제외한 모든 주어와 함께 쓰일 수 있습니다. 따라서 3인칭 단수 주어가 아닌 'I'가 있는 (A)가 정답입니다.

정답 (A)

Words and Phrases eraser 지우개

4. _______ exercise every night.

   (A) It
   (B) He
   (C) She
   (D) They

해석 _______ 은(는) 매일 밤 운동한다.

   (A) 그것
   (B) 그
   (C) 그녀
   (D) 그들

풀이 빈칸 뒤의 동사는 원형으로 주어 자리에는 3인칭 단수형이 올 수 없다는 것을 알 수 있습니다. 따라서 (D)가 정답입니다.

정답 (D)

Words and Phrases exercise 운동하다 | every 매~, 모든~ | night 밤

유형 3 – 빈칸에 맞는 단어 고르기: 소유격과 목적격 (p.40)

1. Can you please feed _______ cat?

   (A) us
   (B) we
   (C) our
   (D) ours

해석 ______ 고양이에게 먹이를 줄 수 있니?

(A) 우리에게

(B) 우리

(C) 우리의

(D) 우리의 것

풀이 빈칸의 뒤에 명사인 'cat'이 나왔으므로 이 명사를 수식해주는 소유격이 쓰여야 한다는 것을 알 수 있습니다. 따라서 소유격 형태인 (C)가 정답입니다. (D)는 소유대명사로 뒤에 명사와 함께 쓰일 수 없다는 것도 알아둡시다.

정답 (C)

Words and Phrases please 부디, 제발(정중하게 무엇을 부탁할 때 덧붙이는 말) | feed 먹이를 주다

2. He gives _______ some gifts.

(A) us

(B) hers

(C) they

(D) mine

해석 그는 ______ 선물을 준다.

(A) 우리에게

(B) 그녀의 것

(C) 그들

(D) 나의 것

풀이 문장을 의미를 봤을때 '그가 ~에게 선물을 준다'인 것을 알 수 있습니다. 따라서 빈칸에는 '~에게' 의 뜻을 가질 수 있는 목적격이 쓰여야 하므로 (A)가 정답입니다.

정답 (A)

Words and Phrases give 주다 | gift 선물

3. My sister loves _______ new dress.

(A) it

(B) he

(C) her

(D) she

해석 나의 여자형제는 ______ 새 원피스를 좋아한다.

(A) 그것은

(B) 그

(C) 그녀의

(D) 그녀

풀이 빈칸의 뒤에 명사인 'new dress'가 나왔으므로 이 명사를 수식해주는 소유격이 쓰여야 한다는 것을 알 수 있습니다. 따라서 소유격 형태인 (C)가 정답입니다.

정답 (C)

Words and Phrases new 새로운 | dress 원피스; 드레스

4. Look at _______.

(A) he

(B) him

(C) she

(D) your

해석 ______ 봐.

(A) 그

(B) 그를

(C) 그녀는

(D) 너의

풀이 빈칸 앞에 전치사 at가 있으므로 이 자리는 목적격 형태가 와야 합니다. '전치사+목적격'이라는 문법 규칙 때문입니다. 따라서 목적격인 (B)가 정답입니다.

정답 (B)

Words and Phrases look at ~를 보다

유형 4 – 빈칸에 맞는 단어 고르기: be동사 (p.46)

1. There _______ a cup on the desk.

(A) is

(B) am

(C) are

(D) does

해석 책상 위에 컵 하나 ______ 있다.

(A) 가

(B) 는

(C) 들이

(D) 틀린 표현

풀이 a와 an은 단수명사를 나타내는 관사입니다. 3인칭 단수명사에 쓰일 수 있는 be동사는 is이므로 정답은 (A)입니다. (D)는 동사와 함께 나와야하므로 오답입니다.

정답 (A)

Words and Phrases cup 컵 | desk 책상

2. Children _______ playing basketball.

(A) is

(B) do

(C) am

(D) are

해석 아이들 ______ 농구를 한다.

(A) 은

(B) 하다

(C) 은

(D) 은

풀이 children은 -s가 붙지않지만 복수형인 불규칙 복수형 명사입니다. 따라서 복수형 명사에 쓰이는 be동사인 are이 와야 하므로 정답은 (D)입니다. (B)는 일반동사 또는 조동사의 역할로 빈칸에 적절하지 않으므로 오답입니다.

정답 (D)

Words and Phrases basketball 농구

3. There _______ many people.

(A) is

(B) am

(C) are

(D) will

해석 많은 사람 ______ 있다.

(A) 이(가)

(B) 이(가)

(C) 들이

(D) ~할 예정인

풀이 people은 -(e)s가 붙지 않는 불규칙 복수명사입니다. 따라서 빈칸에는 복수명사에 맞는 be동사 are이 적절하기 때문에 정답은 (C)입니다.

정답 (C)

Words and Phrases many 많은 | people 사람들

4. A baby _______ crying loudly.

(A) is

(B) do

(C) are

(D) does

해석 한 아기가 크게 우는 중 ______.

(A) 이다

(B) 하다

(C) 이다

(D) 하다

풀이 동사에 -ing가 붙은 현재진행형이기 때문에 be동사가 필요하고 주어가 단수명사이므로 정답은 (A)입니다.

정답 (A)

Words and Phrases baby 아기 | cry 울다 | loudly 크게

유형 5 - 빈칸에 맞는 단어 고르기: 일반동사 (p.52)

1. My sister _______ hard.

(A) study

(B) studys

(C) studies

(D) studying

해석 나의 여자형제는 열심히 ______.

(A) 공부한다

(B) 틀린 표현

(C) 공부한다

(D) 공부하는 중

풀이 be동사가 없으므로 일반동사를 써서 현재형 시제의 동사 형태를 완성시켜야하는 문장입니다. My sister은 3인칭 단수 주어이기 때문에 동사에 -s가 붙은 (C)가 정답입니다. study는 y로 끝나는 단어로 y가 사라지고 -ies가 붙는 규칙이 있기 때문에 (B)는 철자 오류로 오답입니다

정답 (C)

Words and Phrases sister 여자형제 | study 공부하다 | hard 열심히

2. They _______ very fast.

(A) walk

(B) walks

(C) walking

(D) is walking

해석 그들은 아주 빨리 _______.

(A) 걷는다

(B) 걷는다 (주어가 3인칭 단수일때)

(C) 걷는 중

(D) 걷는 중이다

풀이 They는 3인칭 복수주어이기 때문에 동사원형인 (A)가 정답입니다. (D)는 단수형의 be동사가 쓰였기 때문에 오답입니다.

정답 (A)

Words and Phrases walk 걷다 | fast 빠르게

3. I _______ pizza for lunch.

(A) eat

(B) eats

(C) eating

(D) am eat

해석 나는 점심으로 피자를 _______.

(A) 먹다

(B) 먹다 (3인칭 단수 주어일때)

(C) 먹는 중

(D) 틀린 표현

풀이 1인칭 주어 I는 동사원형과 함께 쓰이므로 (A)가 정답입니다. 주어 I는 단수이지만 3인칭이 아니기 때문에 동사에 -(e)s를 붙이지 않는 다는 것을 명심하세요.

정답 (A)

Words and Phrases pizza 피자 | lunch 점심

4. Kate and Mia _______ together.

(A) play

(B) plays

(C) playes

(D) playing

해석 Kate와 Mia는 함께 _______.

(A) 논다

(B) 논다 (주어가 3인칭 단수일 때)

(C) 틀린 표현

(D) 노는 중

풀이 Kate와 Mia가 and로 연결되어 주어가 두 명이 되었으므로 'they'와 마찬가지로 함께 쓰일 수 있는 일반동사의 형태는 동사원형이기 때문에 (A)가 정답입니다.

정답 (A)

Words and Phrases play 놀다 | together 함께

유형 6 - 빈칸에 맞는 단어 고르기: 의문사 (p.58)

1. _______ do you go to bed?

(A) Who

(B) When

(C) Where

(D) Which

해석 _______ 자니?

(A) 누가

(B) 언제

(C) 어디에서

(D) 어느

풀이 뒤에 'you go to bed'를 보아 문맥상 언제 자는 지를 묻고 있는 질문입니다. 따라서 언제라는 뜻을 가진 의문사 'when'이 들어가야하므로 (B)가 정답입니다.

정답 (B)

Words and Phrases go to bed 자다

2. _______ likes seafood?

(A) Who

(B) How

(C) When

(D) Where

해석 _______ 해산물을 좋아하니?

(A) 누가

(B) 어떻게

(C) 언제

(D) 어디에서

풀이 문맥상 해산물을 좋아하는 사람을 묻는 질문입니다. 누구인지를 물어보는 의문사 who가 적절하므로 (A)가 정답입니다.

정답 (A)

Words and Phrases seafood 해산물

3. _______ many people are there?

(A) How

(B) Who

(C) What

(D) Where

해석 _______ 많은 사람들이 있니?

(A) 얼마나

(B) 누가

(C) 무엇

(D) 어디에서

풀이 many라는 단어에 주목하도록 합시다. How와 many가 함께 쓰이면 얼마나 많은지를 묻는 표현이 되기 때문에 'How many people~?' '얼마나 많은 사람들'을 묻고 있는지를 알 수 있으므로 (A)가 정답입니다.

정답 (A)

Words and Phrases people 사람들

4. _______ old are you?

(A) Who

(B) How

(C) What

(D) When

해석 나이가 _______ 되니?

(A) 누구

(B) 어떻게

(C) 무엇

(D) 언제

풀이 old라는 단어에 주목하도록 합시다. How와 old가 함께 쓰이면 나이를 묻는 표현이 됩니다. 'How old are you?'는 상대방의 나이를 물어보는 질문으로 (B)가 정답입니다.

정답 (B)

Words and Phrases old 나이가 ~인

유형 7 – 빈칸에 맞는 단어 고르기: 전치사 (p.64)

1. I walk _______ school.

(A) to

(B) as

(C) on

(D) up

해석 나는 학교 _______ 걸어간다.

(A) ~로

(B) ~로써

(C) 위에

(D) 위로

풀이 walk와 school를 보면 문맥상 학교에 걸어간다라는 의미인 것을 알 수 있습니다. ~로의 뜻을 가진 to가 가장 적절하므로 정답은 (A)입니다.

정답 (A)

Words and Phrases walk 걷다 | school 학교

2. You can wait _______ my room.

(A) to

(B) in

(C) on

(D) over

해석 내 방 _______ 에서 기다리면 돼.

(A) ~로

(B) 안에

(C) (표면) 위에

(D) 너머

풀이 wait와 my room을 보면 문맥상 내 방 (안)에서 기다린다라는 의미인 것을 알 수 있습니다. ~안에서라는 뜻을 가진 in이 가장 적절하므로 정답은 (B)입니다.

정답 (B)

Words and Phrases wait 기다리다 | room 방

3. **Let's play soccer _______ Friday.**

(A) in

(B) at

(C) to

(D) on

해석 금요일 _______ 축구하자.

(A) 에

(B) 에

(C) ~로

(D) 에

풀이 요일과 함께 오는 전치사는 on이기 때문에 정답은 (D)입니다.

정답 (D)

Words and Phrases soccer 축구 | Friday 금요일

4. **Are there any cookies _______ the jar?**

(A) in

(B) to

(C) up

(D) after

해석 항아리 _______ 에 쿠키들이 있니?

(A) 안에

(B) ~로

(C) 위로

(D) 후에

풀이 jar은 항아리라는 뜻을 가진 단어로 쿠키들이 항아리 안에 있는 것이 적절하므로 정답은 (A)입니다.

정답 (A)

Words and Phrases cookie 쿠키 | jar 항아리

Part B. Situational Writing

유형 1 - 그림에 알맞은 단어 찾기: 명사 (p.74)

1. **She turns off the _______.**

(A) light

(B) water

(C) phone

(D) computer

해석 소녀는 그 _______ 을 끈다.

(A) 전등

(B) 물

(C) 전화기

(D) 컴퓨터

풀이 그림 속 소녀는 전등(light)을 끄고 있으므로 (A)가 정답입니다.

정답 (A)

Words and Phrases turn off 끄다 | water 물 | light 전등 | phone 전화기 | computer 컴퓨터

2. **We need some _______.**

(A) fruit

(B) bread

(C) drinks

(D) clothes

해석 우리는 _______ 가 좀 필요하다.

(A) 과일

(B) 빵

(C) 음료수

(D) 옷

풀이 그림 속의 가게는 빵집이며 가게 안에 빵이 나열되어 있으므로 (B)가 정답입니다.

정답 (B)

Words and Phrases need 필요하다 | fruit 과일 | bread 빵 | drink 음료, 마실 것 | clothes 옷 | bakery 빵집

3. I have an old _______.

(A) pen

(B) nose

(C) chair

(D) glass

해석 나는 낡은 _______ 가 있다.

(A) 펜

(B) 코

(C) 의자

(D) 유리(잔)

풀이 그림 속 의자는 부러지고 낡은 모습을 나타내고 있습니다. 가장 알맞은 명사는 의자(chair)이므로 (C)가 정답입니다.

정답 (C)

Words and Phrases old 낡은, 오래된

4. The girl likes her _______.

(A) balls

(B) bears

(C) books

(D) balloons

해석 그 소녀는 그녀의 _______ 을 좋아한다.

(A) 공들

(B) 곰들

(C) 책들

(D) 풍선들

풀이 그림의 소녀는 풍선을 들고 좋아하고 있습니다. 가장 알맞은 명사는 풍선들(balloons)이므로 (D)가 정답입니다.

정답 (D)

Words and Phrases like 좋아하다 | ball 공 | bear 곰 | book 책 | balloon 풍선

유형 2 - 그림에 알맞은 단어 찾기: 동사 (p.80)

1. We _______ books after school.

(A) fold

(B) hide

(C) read

(D) write

해석 우리는 방과 후 책을 _______.

(A) 접는다

(B) 숨긴다

(C) 읽는다

(D) 쓴다

풀이 그림 속의 아이들은 책을 읽고 있는 모습이므로 알맞은 동사 어휘는 'read(읽다)'입니다. 따라서 정답은 (C)입니다.

정답 (C)

Words and Phrases after school 방과 후에 | fold 접다 | hide 숨기다 | read 읽다 | write 쓰다

2. The kids are _______ a house.

(A) buying

(B) drawing

(C) painting

(D) cleaning

해석 아이들은 집을 _______ 있다.

(A) 사고

(B) 그리고

(C) 칠하고

(D) 청소하고

풀이 그림에서 아이들은 붓과 물감을 들고 집을 칠하고 있는 모습이므로 알맞은 어휘는 'painting(칠하고)'입니다. 따라서 정답은 (C)입니다.

정답 (C)

Words and Phrases kid 아이 | house 집 | buy 사다 | draw 그리다 | paint 칠하다 | clean 청소하다

3. The boy is _______ a donkey.

(A) pulling
(B) feeding
(C) chasing
(D) washing

해석 그 소년은 당나귀를 _______ 있다.

(A) 끌어당기고
(B) 먹이를 주고
(C) 쫓아가고
(D) 씻기고

풀이 그림에서 소년은 당나귀에 연결된 줄을 잡아당기고 있는 모습이므로 알맞은 어휘는 'pulling(끌어당기고)'입니다. 따라서 정답은 (A)입니다.

정답 (A)

Words and Phrases donkey 당나귀 | pull 잡아당기다 | feed 먹이를 주다 | chase 쫓다 | wash 씻다, 씻기다

4. The man is _______.

(A) lying
(B) flying
(C) running
(D) swimming

해석 그 남자는 _______ 있다.

(A) 거짓말하고
(B) 날고
(C) 달리고
(D) 수영하고

풀이 그림에서 남자는 하늘을 날고 있는 모습이므로 알맞은 어휘는 'flying(날고)'입니다. 따라서 정답은 (B)입니다.

정답 (B)

Words and Phrases lie 거짓말하다 | fly 날다 | run 달리다 | swim 수영하다

유형 3 - 그림에 알맞은 단어 찾기: 전치사 (p.86)

1. The ball is _______ me.

(A) on
(B) under
(C) next to
(D) behind

해석 공은 나의 _______ 에 있다.

(A) 위에
(B) 아래에
(C) 옆에
(D) 뒤에

풀이 그림에서 공은 소녀의 옆에 위치하고 있으므로 알맞은 전치사 어휘는 'next to(옆에)'입니다. 따라서 정답은 (C)입니다.

정답 (C)

Words and Phrases ball 공

2. My dog is _______ the fence.

(A) on
(B) under
(C) behind
(D) in front of

해석 내 개는 울타리 _______ 에 있어.

(A) (표면)위에
(B) 아래에
(C) 뒤에
(D) 앞에

풀이 그림에서 개는 울타리 앞에 있는 모습이므로 알맞은 전치사 어휘는 'in front of(앞에)'입니다. 따라서 정답은 (D)입니다.

정답 (D)

Words and Phrases dog 개 | fence 울타리

3. Grandma is sitting _______ the fire.

(A) in

(B) on

(C) near

(D) under

해석 할머니는 불 ______ 에 앉아 있다.

(A) 안에

(B) 위에

(C) 가까이에

(D) 아래에

풀이 그림에서 할머니는 불 옆에 앉아 있는 모습이므로 알맞은 전치사 어휘는 'near(가까이에)'입니다. 따라서 정답은 (C)입니다.

정답 (C)

Words and Phrases fire 불

4. The sofa is _______ the window.

(A) to

(B) up

(C) below

(D) next to

해석 소파는 창문의 ______ 에 있다.

(A) ~로

(B) 위

(C) 아래에

(D) 옆에

풀이 그림에서 소파는 창문의 아래에 위치하고 있습니다. 따라서 정답은 (C)입니다. under과는 다르게 below는 위치상 아래에 있는 모든 범위를 포함할 수 있다는 것을 기억하세요.

정답 (C)

Words and Phrases sofa 소파 | window 창문

유형 4 - 그림에 알맞은 단어 찾기: 시간/날짜 (p.92)

1. It is _______ now.

(A) two o'clock

(B) two thirty

(C) three o'clock

(D) three thirty

해석 지금은 ______ 이다.

(A) 2시 정각

(B) 2시 30분

(C) 3시 정각

(D) 3시 30분

풀이 그림의 손목시계는 3시 정각을 나타내고 있으므로 (C)가 정답입니다.

정답 (C)

Words and Phrases now 지금 | o'clock ~시 정각 | thirty 30

2. My birthday is in _______.

(A) January

(B) February

(C) March

(D) April

해석 내 생일은 ______ 이다.

(A) 1월

(B) 2월

(C) 3월

(D) 4월

풀이 그림의 달력은 3월을 나타내고 있습니다. 3월을 나타내는 단어는 March 이므로 (C)가 정답입니다.

정답 (C)

Words and Phrases birthday 생일 | January 1월 | February 2월 | March 3월 | April 4월

3. The party is on _______.

(A) Monday

(B) Tuesday

(C) Wednesday

(D) Thursday

해석 파티는 _______ 에 한다.

(A) 월요일

(B) 화요일

(C) 수요일

(D) 목요일

풀이 그림의 달력에는 17일에 표시가 되어있습니다. 17일은 화요일이므로 정답은 (B)입니다.

정답 (B)

Words and Phrases party 파티

4. Wake up! It's _______ past eight.

(A) ten

(B) half

(C) eight

(D) quarter

해석 일어나! 8시 _______ 이야.

(A) 10분

(B) 30분

(C) 8분

(D) 15분

풀이 그림의 시계는 8시 30분을 가리키고 있습니다. half 는 절반이라는 뜻으로 30분을 표현하므로 정답은 (B)입니다. (D) quarter은 1/4이라는 뜻을 가지고 있어 시간으로 쓰이면 60분의 1/4인 15분으로 오답입니다

정답 (B)

Words and Phrases wake 깨다 | past 지난 | half 반, 30분 | quarter 15분

유형 5 - 그림에 알맞은 단어 찾기: 부사/형용사 (p.98)

1. The elephant is _______.

(A) fat

(B) thin

(C) sick

(D) green

해석 코끼리는 _______ 하다/이다.

(A) 뚱뚱한

(B) 마른

(C) 아픈

(D) 초록색

풀이 그림은 코끼리는 뚱뚱하고 판다는 말랐다는 것을 표현하고 있습니다. 따라서 정답은 (A)입니다. (B)는 판다를 묘사하는 단어이기 때문에 오답입니다.

정답 (A)

Words and Phrases elephant 코끼리 | fat 뚱뚱한 | thin 마른 | sick 아픈 | green 초록색

2. Please talk _______ here.

(A) fast

(B) sadly

(C) loudly

(D) quietly

해석 여기에서는 _______ 말하세요.

(A) 빠르게

(B) 슬프게

(C) 크게

(D) 조용히

풀이 그림의 여자는 입술위에 손가락을 올리며 조용히 하라는 손짓을 보이고 있다. 따라서 정답은 (D)입니다.

정답 (D)

Words and Phrases talk 말하다 | here 여기에[서] | fast 빠른, 빠르게 | sadly 슬프게 | loudly 크게 | quietly 조용히

3. Be careful! The cactus is _______.

(A) hot

(B) wet

(C) sharp

(D) round

해석 조심해! 선인장은 _______ 하다.

(A) 뜨거운

(B) 젖은

(C) 날카로운

(D) 둥근

풀이 그림에서 소녀는 날카로운 선인장 가시에 손을 찔려 아파하고 있습니다. 따라서 날카롭다라는 표현인 (C)가 정답입니다.

정답 (C)

Words and Phrases careful 조심하는 | cactus 선인장 | hot 뜨거운, 더운 | wet 젖은 | sharp 날카로운 | round 둥근

4. The boy on the right runs _______.

(A) fast

(B) well

(C) easily

(D) slowly

해석 오른쪽의 소년은 _______ 달린다.

(A) 빠르게

(B) 잘

(C) 쉽게

(D) 느리게

풀이 오른쪽의 소년은 왼쪽의 소년에 비해 느리게 달리고 있으므로 정답은 (D)입니다. (A)는 왼쪽 소년을 묘사하는 단어로 오답입니다.

정답 (D)

Words and Phrases right 오른쪽 | run 달리다 | fast 빠르게 | well 잘 | easily 쉽게 | slowly 느리게

Part C-1. Reading and Retelling

유형 1 – 실용문 읽고 질문에 답하기: 초대장 (p.108)

1.

Angela is Turning
1
You're invited to my
BIRTHDAY
PARTY
SUNDAY / November 24 / 2PM

Q1. When is the birthday party?

(A) Sunday, November 2nd

(B) Monday, November 2nd

(C) Sunday, November 24th

(D) Monday, November 24th

Q2. How old is Angela going to be?

(A) 1 year old

(B) 2 years old

(C) 3 years old

(D) 4 years old

해석

Angela는 이제 한 살이 되었어요. 당신은 제 생일파티에 초대되었습니다. 일요일 / 11월 24일 / 오후 2시

Q1. 생일 파티는 언제인가?

(A) 일요일, 11월 2일

(B) 월요일, 11월 2일

(C) 일요일, 11월 24일

(D) 월요일, 11월 24일

Q2. Angela는 몇살이 되는가?

(A) 1살

(B) 2살

(C) 3살

(D) 4살

풀이

Q1. 읽기자료의 초대장 하단에 일요일 / 11월 24일 / 오후 2시라고 적혀있으므로 정답은 (C)입니다.

Q2. 읽기자료의 초대장 상단에 Angela가 1살이라고 써 있으며 초대장 그림에도 "1"이 있으므로 정답은 (A)입니다.

정답 (C), (A)

Words and Phrases invite 초대하다 | birthday 생일 | November 11월

2.

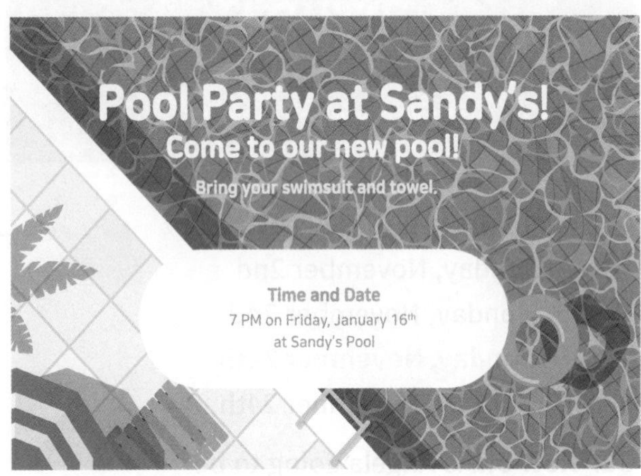

Q1. Where is the party?

(A) beach
(B) restaurant
(C) public pool
(D) Sandy's house

Q2. What do you need to bring to the party?

(A) food
(B) a shirt
(C) a towel
(D) sunglasses

해석

> Sandy의 집에서 수영장 파티해요! 새 수영장으로 오세요!
> 수영복과 수건을 가져오세요.
> 시간과 날짜 : Sandy의 수영장에서 1월 16일, 금요일 오후 7시

Q1. 파티는 어디인가?

(A) 해변
(B) 식당
(C) 공공 수영장
(D) Sandy의 집

Q2. 파티에 무엇을 가져가야하는가?

(A) 음식
(B) 셔츠
(C) 수건
(D) 선글라스

풀이

Q1. 읽기 자료에서 Sandy의 집의 새 수영장에서 수영장 파티를 한다고 했으므로 정답은 (D)입니다.

Q2. 읽기 자료에서 파티에 수영복과 수건을 가져오라고 안내하고 있으므로 정답은 (C)입니다.

정답 (D), (C)

Words and Phrases pool 수영장 | bring 가져오다 | swimsuit 수영복 | beach 해변 | restaurant 식당 | public 공공의

유형 2 - 실용문 읽고 질문에 답하기: 메뉴 (p.114)

1.

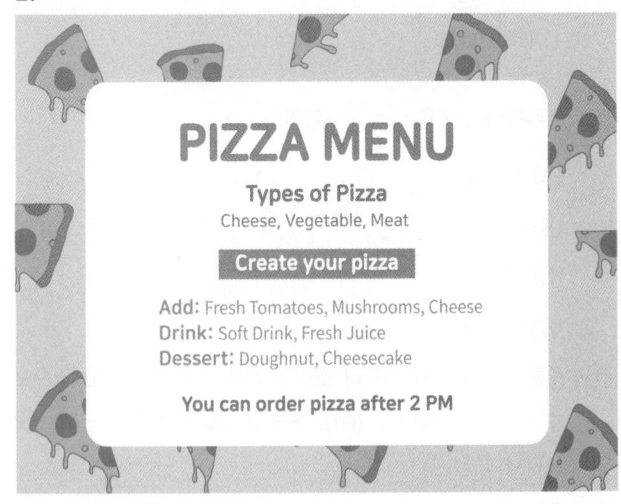

Q1. What time can you order pizza?

(A) 7 AM
(B) 9 AM
(C) 1 PM
(D) 5 PM

Q2. Which is NOT in the pizza?

(A) carrots

(B) cheese

(C) mushrooms

(D) fresh tomatoes

해석

피자 종류: 치즈, 야채, 고기
주문 제작 피자 재료: 싱싱한 토마토, 버섯, 치즈
음료: 탄산음료, 주스
후식: 도너츠, 치즈케익
오후 2시 이후 피자 주문 가능

Q1. 피자 주문은 몇 시에 할 수 있는가?

(A) 오전 7시

(B) 오전 9시

(C) 오후 1시

(D) 오후 5시

Q2. 피자 안에 들어가지 않는 것은 무엇인가?

(A) 당근

(B) 치즈

(C) 버섯

(D) 신선한 토마토

풀이

Q1. 읽기 자료에서 피자는 오후 2시 이후 부터 주문 가능하다고 나와있으므로 정답은 오후 2시 이후인 (D)입니다

Q2. (B), (C), (D)는 모두 피자 재료로 포함되어 있으므로 정답은 읽기 자료에 나오지 않은 (A)입니다.

정답 (D), (A)

Words and Phrases meat 고기 | create 만들다 | mushroom 버섯 | soft drink 탄산음료 | fresh 신선한 | order 주문하다

2.

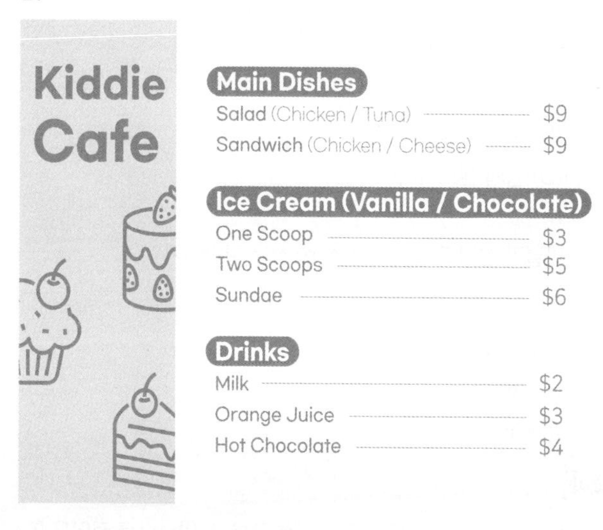

Q1. What is on Kiddie Cafe's menu?

(A) Milkshake

(B) Lemon Juice

(C) Chicken Salad

(D) Tuna Sandwich

Q2. How much are one Vanilla Sundae and a glass of orange juice?

(A) $3

(B) $6

(C) $8

(D) $9

해석

어린이 카페

메인 요리
샐러드 (닭고기 / 참치) 9달러
샌드위치 (닭고기 / 치즈) 9달러
아이스크림 (바닐라 / 초콜렛)
한 숟갈 3달러
두 숟갈 5달러
선데 6달러
음료
우유 2달러
오렌지 주스 3달러
핫초코 4달러

Q1. 어린이 카페의 메뉴에 있는 것은 무엇인가?

(A) 밀크쉐이크

(B) 레몬 주스

(C) 닭고기 샐러드

(D) 참치 샌드위치

Q2. 바닐라 선데와 오렌지 주스 한 잔은 얼마인가?

(A) 3달러

(B) 6달러

(C) 8달러

(D) 9달러

풀이

Q1. 메인 메뉴의 샐러드 중 닭고기를 고를 수 있으므로 정답은 (C)입니다. 음료 메뉴 중 밀크쉐이크와 레몬 주스는 없으므로 (A)와 (B)는 오답입니다. 참치는 샐러드에서 고를 수 있으므로 (D)는 오답입니다.

Q2. 메뉴에 써있는 선데의 가격은 6달러이며 오렌지주스는 3달러이기 때문에 두 개를 합한 가격이 9달러이므로 정답은 (D)입니다.

정답 (C), (D)

Words and Phrases dish 요리 | scoop 숟갈 | tuna 참치

유형 3 - 실용문 읽고 질문에 답하기: 도표/차트/그래프 (p.120)

1.

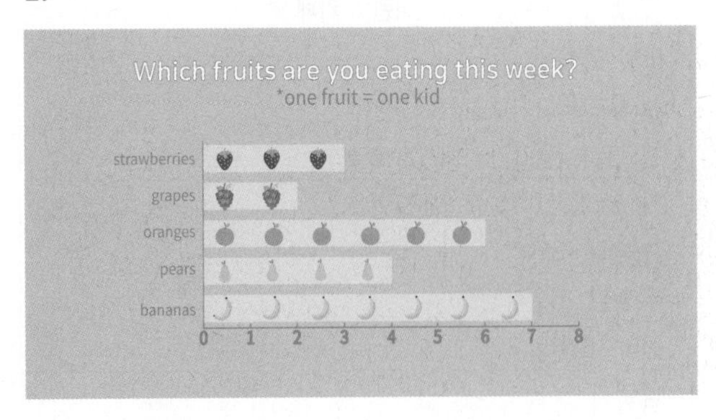

Q1. Which fruit are kids eating the most?

(A) grapes

(B) oranges

(C) bananas

(D) strawberries

Q2. How many kids are eating pears this week?

(A) 3 kids

(B) 4 kids

(C) 5 kids

(D) 6 kids

해석 이번 주에 어떤 과일을 먹을 건가요?

*과일 한 개 = 아이 한 명

딸기 - 3명의 아이들
포도 - 2명의 아이들
오렌지 - 6명의 아이들
배 - 4명의 아이들
바나나 - 7명의 아이들

Q1. 아이들이 가장 많이 먹는 과일은 어떤 것인가?

(A) 포도

(B) 오렌지

(C) 바나나

(D) 딸기

Q2. 몇 명의 아이들이 이번 주에 배를 먹었는가?

(A) 3명의 아이들

(B) 4명의 아이들

(C) 5명의 아이들

(D) 6명의 아이들

풀이

Q1. 아이들이 가장 많이 먹은 과일은 아이들의 숫자 정보를 보고 알 수 있습니다. 가장 많은 수의 아이들이 바나나를 먹은 것으로 나타났으므로 정답은 (C)입니다.

Q2. 차트를 보면 배를 먹은 아이의 숫자가 4명이므로 정답은 (B)입니다.

정답 (C), (B)

Words and Phrases fruit 과일 | week 주 | strawberry 딸기 | grape 포도 | orange 오렌지 | pear 배 | banana 바나나

2.

Q1. What does Jack like about winter?
(A) sleigh
(B) cool air
(C) sweater
(D) hot cocoa

Q2. What does Sam NOT like about winter?
(A) snow
(B) cool air
(C) vacation
(D) fireplace

해석

겨울에 내가 좋아하는 것들

Jack	둘다	Sam
스키	눈	시원한 공기
핫초코	크리스마스	스웨터
벽난로	방학	썰매

Q1. Jack이 겨울에 좋아하는 것은 무엇인가?

(A) 썰매
(B) 시원한 공기
(C) 스웨터
(D) 핫초코

Q2. Sam이 겨울에 좋아하지 않는 것은 무엇인가?

(A) 눈
(B) 시원한 공기
(C) 방학
(D) 벽난로

풀이

Q1. Jack이 겨울에 좋아하는 것은 스키, 핫초코, 벽난로, 그리고 벤다이어그램의 중간에 있는 공통적으로 좋아하는 항목까지 포함됩니다. 선택지에서 이에 해당하는 것은 핫초코이므로 정답은 (D)입니다.

Q2. Sam이 겨울에 좋아하는 것은 시원한 공기, 스웨터, 썰매이며 벤다이어그램의 중간에 있는 공통 항목도 역시 포함되므로 정답은 (D)입니다.

정답 (D), (D)

Words and Phrases fireplace 벽난로 | vacation 방학 | air 공기 | sleigh 썰매

유형 4 – 실용문 읽고 질문에 답하기: 일정 (p.126)

1.

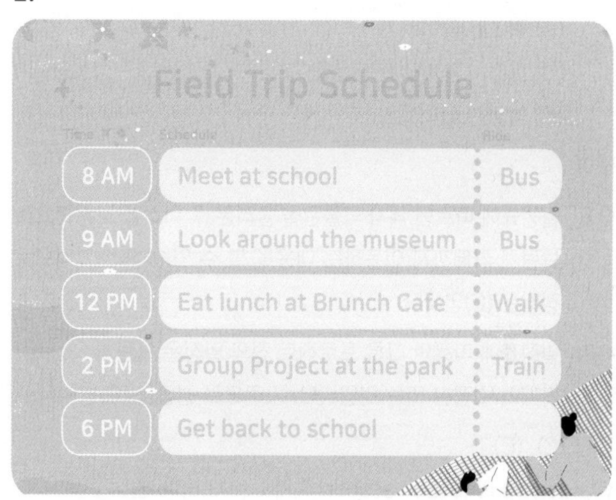

Q1. How do they get to Brunch Cafe?
(A) by walking
(B) by running
(C) by taking the bus
(D) by taking the train

Q2. What is the schedule before the group project?
(A) Meet at school
(B) Get back to school
(C) Eat lunch at Brunch Cafe
(D) Look around the museum

해석

현장학습 일정표

시간	일정	타고 가기
오전 8시	학교에서 만나기	버스
오전 9시	박물관 둘러보기	버스
오후 12시	브런치 카페에서 점심	도보
오후 2시	공원에서 그룹 프로젝트	기차
오후 6시	학교로 돌아가기	

Q1. 브런치 카페까지 어떻게 가는가?

(A) 걸어서
(B) 뛰어서
(C) 버스 타고
(D) 기차 타고

Q2. 그룹 프로젝트 전의 일정은 무엇인가?

(A) 학교에서 만나기
(B) 학교로 돌아가기
(C) 브런치 카페에서 점심 먹기
(D) 박물관 둘러보기

풀이

Q1. 일정표에 따르면 역사 박물관을 둘러본 후 버스를 교통편으로 브런치 카페까지 이동하는 내용을 볼 수 있습니다. 그러므로 정답은 (C)입니다.

Q2. 일정표에 따르면 그룹 프로젝트 전의 일정은 브런치 카페에서 점심 먹는 것입니다. 그러므로 정답은 (C)입니다.

정답 (C), (C)

Words and Phrases vacation 휴가 | schedule 일정 | ride 타고 가기 | museum 박물관 | train 기차

2.

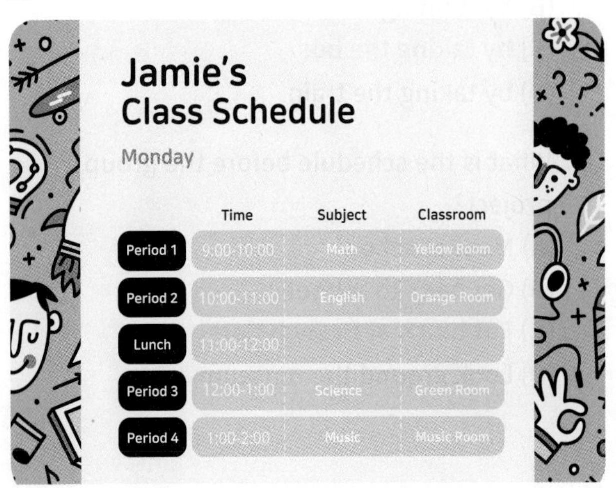

Q1. What time does lunch time start?

(A) 10:00 AM
(B) 11:00 AM
(C) 12:00 PM
(D) 1:00 PM

Q2. What classroom does Jamie go to for science class?

(A) Yellow
(B) Orange
(C) Green
(D) Music

해석

Jamie의 시간표
월요일

교시	시간	과목	교실
1교시	9:00 - 10:00	수학	노란 교실
2교시	10:00 - 11:00	영어	주황 교실
점심	11:00 - 12:00		
3교시	12:00 - 1:00	과학	초록 교실
4교시	1:00 - 2:00	음악	음악 교실

Q1. 점심시간은 언제 시작하는가?

(A) 오전 10시
(B) 오전 11시
(C) 오후 12시
(D) 오후 1시

Q2. Jamie는 과학 수업시간에 어느 교실로 가는가?

(A) 노랑
(B) 주황
(C) 초록
(D) 음악

풀이

Q1. 스케줄에 따르면 점심시간은 11시부터 12시이므로 정답은 (B)입니다.

Q2. 스케줄에 따르면 과학 수업은 초록 교실이므로 정답은 (C)입니다.

정답 (B), (C)

Words and Phrases Monday 월요일 | subject 과목 | math 수학 | science 과학 | classroom 교실 | start 시작하다

유형 5 - 실용문 읽고 질문에 답하기: 안내문 (p.132)

1.

Q1. When does the library change their opening hours?
(A) January 1st
(B) January 2nd
(C) February 1st
(D) February 2nd

Q2. What is the library's new opening time?
(A) 7 AM
(B) 8 AM
(C) 7 PM
(D) 8 PM

해석

성 피터 중앙 도서관 새로운 도서관 시간 1월 2일부터, 개관과 폐관 시간을 바꿉니다 월요일부터 금요일 새 개관시간: 오전 8시 새 폐관시간: 오후 7시

Q1. 도서관은 언제 개관시간을 바꾸는가?
(A) 1월 1일
(B) 1월 2일
(C) 2월 1일
(D) 2월 2일

Q2. 도서관의 새 개관시간은 몇시인가?
(A) 오전 7시
(B) 오전 8시
(C) 오후 7시
(D) 오후 8시

풀이

Q1. 안내문에서 도서관은 1월 2일부터 개관시간과 폐관시간을 바꿀 것이라고 했으므로 정답은 (B)입니다.

Q2. 안내문에 나와있는 도서관의 새 개관시간은 오전 8시이므로 정답은 (B)입니다.

정답 (B), (B)

Words and Phrases library 도서관 | hour 시간 | change 바꾸다 | open 열다 | close 닫다

2.

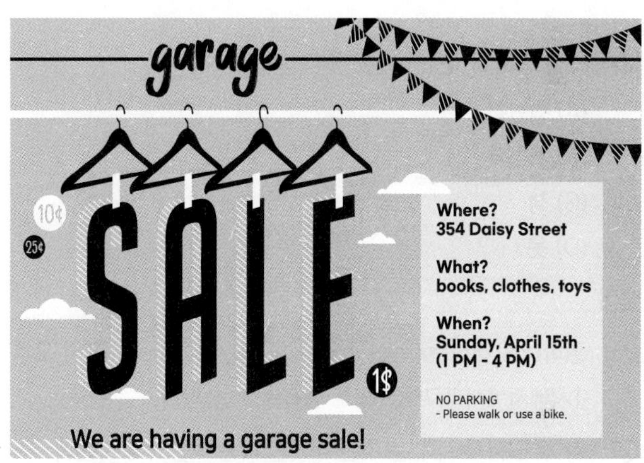

Q1. How long is the garage sale?
(A) 1 hour
(B) 2 hours
(C) 3 hours
(D) 4 hours

Q2. What can you NOT get at the garage sale?
(A) toys
(B) bikes
(C) books
(D) clothes

해석

중고 물품 판매
중고 물품 판매를 합니다!
어디? 354 Daisy가 무엇? 책, 옷, 장난감 언제? 일요일, 4월 15일 (오후 1시 - 4시) 주차 안 됩니다 - 걸어오거나 자전거를 사용하세요.

Q1. 중고 물품 판매는 얼마나 오래 하는가?

(A) 1시간
(B) 2시간
(C) 3시간
(D) 4시간

Q2. 중고 물품 판매에서 살 수 없는 것은 무엇인가?

(A) 장난감
(B) 자전거
(C) 책
(D) 옷

풀이

Q1. 얼마나 오래하는가는 시간을 봐야 하는데 When? 에서 오후 1시에서 4시라고 했으므로 정답은 (C)입니다.

Q2. 살 수 있는 것과 없는 것은 무엇을 파는지를 봐야 하는데 What?에서 책, 옷, 장난감이라고 했으므로 정답은 (B) 입니다.

정답 (C), (B)

Words and Phrases garage sale 중고 물품 판매 | where 어디서 | when 언제 | what 무엇 | street ~가, 거리 | book 책 | clothes 옷 | toy 장난감 | Sunday 일요일 | April 4월 | parking 주차 | walk 걷다 | bike 자전거

유형 6 - 실용문 읽고 질문에 답하기: 지시문 (p.138)

1.

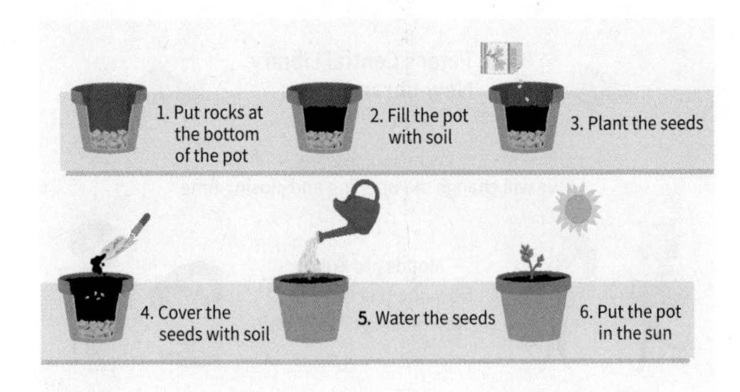

Q1. What are the instructions about?

(A) how to make soil
(B) how to buy seeds
(C) how to plant a flower
(D) how to cut down a tree

Q2. What do we cover the seed with?

(A) the soil
(B) the tree
(C) the rocks
(D) the water

해석

1. 화분 맨 아래에 돌을 놓으세요
2. 흙으로 화분을 채우세요
3. 씨를 심으세요
4. 씨를 흙으로 덮으세요
5. 씨에 물을 주세요
5. 화분에 햇빛을 쬐어주세요

Q1. 무엇에 관한 설명인가?

(A) 흙을 만드는 방법
(B) 씨를 사는 방법
(C) 꽃을 심는 방법
(D) 나무를 자르는 방법

Q2. 씨를 무엇으로 덮는가?

(A) 흙

(B) 나무

(C) 돌

(D) 물

풀이

Q1. 화분에 씨를 심는 방법에 대해 차례대로 설명하고 있으므로 정답은 (C)입니다.

Q2. 3번에서 씨를 심고 4번에서 흙으로 덮으라고 하였으므로 정답은 (A)입니다.

정답 (C), (A)

Words and Phrases put 놓다, 두다 | bottom 맨 아래 | pot 화분, 단지, 냄비 | fill 채우다 | soil 흙 | plant 심다, 식물 | seed 씨(앗) | cover 덮다 | water 물을 주다, 물 | sunshine 햇빛

2.

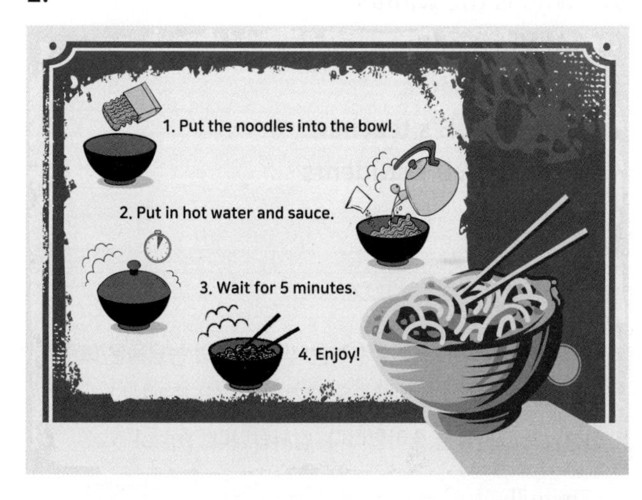

Q1. What is the best title of this instruction?

(A) Buying a Bowl

(B) Eating Manners

(C) Making a Noodle

(D) Things in the Kitchen

Q2. What is the step after putting in hot water?

(A) Put in the salt.

(B) Eat the noodles.

(C) Put in the noodles.

(D) Wait for 5 minutes.

해석

1. 그릇에 국수를 넣으세요.
2. 뜨거운 물과 소스를 넣으세요.
3. 5분 동안 기다리세요.
4. 맛있게 드세요!

Q1. 지시사항에 가장 적절한 제목은 무엇인가?

(A) 그릇 사기

(B) 식사 예절

(C) 국수 만들기

(D) 부엌에 있는 물건들

Q2. 뜨거운 물을 넣고 난 후의 단계는 무엇인가?

(A) 소금을 넣는다.

(B) 국수를 먹는다.

(C) 국수를 넣는다.

(D) 5분 동안 기다린다.

풀이

Q1. 지시문의 내용은 그릇에 국수와 소스, 뜨거운 물을 넣어 국수를 만드는 과정을 나타내고 있으므로 정답은 (C)입니다.

Q2. 뜨거운 물과 소스를 넣는 단계는 2번이며 3번 단계는 5분동안 기다리는 것이기 때문에 정답은 (D)입니다.

정답 (C), (D)

Words and Phrases noodle 국수 | bowl 그릇 | wait 기다리다 | minute 분 | enjoy 즐기다

유형 7 – 실용문 읽고 질문에 답하기: 기타 실용문 (p.144)

1.

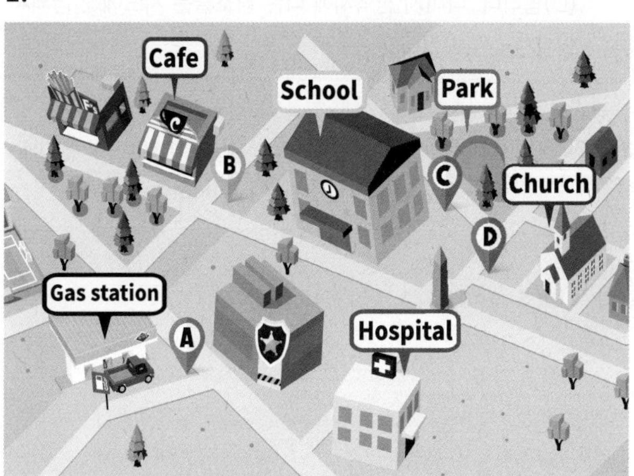

Q1. Chris is between the park and the school. Where is Chris?

(A) A
(B) B
(C) C
(D) D

Q2. Which place is on the map?

(A) a library
(B) a museum
(C) a shoe store
(D) a gas station

해석

Q1. Chris는 공원과 학교 사이에 있습니다. Chris는 어디에 있는가?

(A) A
(B) B
(C) C
(D) D

Q2. 어떤 장소가 지도에 있는가?

(A) 도서관
(B) 박물관
(C) 신발 가게
(D) 주유소

풀이

Q1. 크리스는 공원과 학교 사이에 있다고 했으므로 정답은 (C)입니다.

Q2. 읽기 자료의 지도에 나와있는 장소는 주요소이므로 정답은 (D)입니다. 나머지 선택지에 나온 장소들은 지도에 언급되지 않으므로 오답입니다.

정답 (C), (D)

Words and Phrases gas station 주유소 | between ~ 사이에 | library 도서관 | museum 박물관

2.

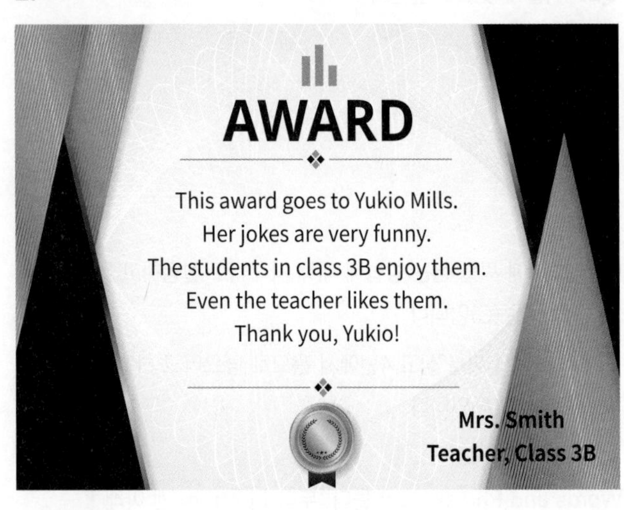

Q1. What is the award for?

(A) art
(B) jokes
(C) music
(D) sports

Q2. Who is the winner?

(A) Mrs. Smith
(B) Yukio Mills
(C) class 3B's teacher
(D) class 3B's students

해석

상

이 상을 Yukio Mills에게 수여합니다. 그녀의 농담들은 아주 재밌습니다. 3B반의 학생들은 그것들을 매우 즐깁니다. 선생님도 그것들을 좋아합니다. 감사합니다, Yukio!

~Smith씨
3B반 선생님

Q1. 이 상은 무엇에 대한 상인가?

(A) 미술
(B) 농담
(C) 음악
(D) 스포츠

Q2. 수상자는 누구인가?

(A) Smith씨
(B) Yukio Mills
(C) 3B반의 선생님
(D) 3B반의 학생들

풀이

Q1. 읽기 자료의 상장에 상은 Yukio Mills에게 수여되며 그녀의 농담이 아주 재밌다고 쓰여있으므로 정답은 (B)입니다.

Q2. 상장의 첫줄에 이 상이 Yukio Mills에게 수여된다고 하였으므로 정답은 (B)입니다. (A)와 (C)는 동일 인물이며 상을 수여하는 사람이므로 오답입니다.

정답 (B), (B)

Words and Phrases award 상 | joke 농담 | enjoy 즐기다 | even 심지어 ~도

Part C-2. Reading and Retelling

유형 1 – 본문 읽고 질문에 답하기: 제목/주제 찾기 (p.154)

1.

Joe sees a dentist every six months. The dentist checks his teeth and gums. She always gives him some stickers. She teaches him how to brush his teeth. His teeth are good and strong. Joe likes to go to the dentist.

Q1. What is the best title of the story?

(A) Scary Dentist
(B) Funny Stickers
(C) Good Day at the Dentist
(D) Joe's Sad Dentist Story

Q2. How often does Joe see a dentist?

(A) every year
(B) every month
(C) every 6 weeks
(D) every 6 months

해석 Joe는 6달마다 치과의사를 방문한다. 치과의사는 그의 치아와 잇몸을 점검한다. 그녀는 그에게 항상 스티커들을 준다. 그녀는 그에게 어떻게 양치질을 하는지 알려준다. 그의 치아들은 상태가 좋고 튼튼하다. Joe는 치과의사를 방문하는 것을 좋아한다.

Q1. 이야기에 가장 적합한 제목은 무엇인가?

(A) 무서운 치과의사
(B) 웃긴 스티커들
(C) 치과의사와의 좋은 하루
(D) Joe의 슬픈 치과의사 이야기

Q2. Joe는 얼마나 자주 치과의사를 보러 가는가?

(A) 매년
(B) 매달
(C) 6주마다
(D) 6달마다

풀이

Q1. 본문의 마지막 문장에서 Joe는 치과의사를 방문하는 것을 좋아한다고 하였으므로 정답은 (C)입니다

Q2. 본문의 첫번째 문장에서 Joe는 치과의사를 6달마다 방문한다고 하였으므로 정답은 (D)입니다.

정답 (C), (D)

Words and Phrases dentist 치과의사 | month 월, 달 | check 점검하다, 확인하다 | teeth 치아 | gum 잇몸 | always 항상 | teach 가르치다 | strong 강한, 튼튼한 | brush one's teeth 양치하다

2.

On Sunday, Laura likes to spend her time at home. She wakes up late and enjoys late lunch. After that, she sits down in her cozy chair and reads her favorite book. She takes a warm bath before going to bed.

Q1. What is the best title for the story?

(A) Laura's Sunday
(B) Laura's Bedroom
(C) Laura's Cozy Chair
(D) Laura's Favorite Food

Q2. What does Laura do before going to bed?

(A) take a walk
(B) take a bath
(C) eat dinner
(D) eat snacks

해석 일요일에 Laura는 는 집에서 시간을 보내는 것을 좋아한다. 그녀는 늦게 일어나서 늦은 점심을 먹는다. 그 후에 그녀는 그녀의 아늑한 의자에 앉아 그녀가 가장 좋아하는 책을 읽는다. 그녀는 자러 가기 전에 따뜻한 목욕을 한다.

Q1. 이야기에 가장 적합한 제목은 무엇인가?

(A) Laura의 일요일
(B) Laura의 침실
(C) Laura의 아늑한 의자
(D) Laura가 가장 좋아하는 음식

Q2. Laura는 자러 가기 전에 무엇을 하는가?

(A) 산책하기
(B) 목욕하기
(C) 저녁 먹기
(D) 간식 먹기

풀이

Q1. 본문의 주 내용은 Laura가 일요일에 어떤 일들을 하는지이므로 (A)가 가장 적합한 제목입니다. (B)와 (C)는 본문의 내용에 포함되어 있으나 주된 내용은 아니므로 오답입니다.

Q2. 본문의 마지막 문장에서 로라가 자러 가기 전에 따뜻한 목욕을 한다고 하였으므로 정답은 (B)입니다. 나머지 보기들은 본문에 언급되지 않았기 때문에 오답입니다.

정답 (A), (B)

Words and Phrases Sunday 일요일 | spend (시간을) 보내다 | enjoy 즐기다 | cozy 아늑한 | warm 따뜻한

유형 2 – 본문 읽고 질문에 답하기: 장소/시간 (p.160)

1.

> Patty is a lazy dog. He sleeps ten hours a day. He wakes up at one in the afternoon. Then he eats breakfast and lunch all together! After he is full, Patty likes to sit next to the window, his favorite spot.

Q1. How many hours does Patty sleep?

(A) one
(B) five
(C) ten
(D) fifteen

Q2. Where is Patty's favorite place?

(A) next to the door
(B) behind the door
(C) next to the window
(D) behind the window

해석 Patty는 게으른 강아지이다. 그는 하루에 10시간을 잔다. 그는 오후 한 시에 일어난다. 그리고 그는 아침과 점심을 동시에 먹는다! 배가 부른 후에, Patty는 창문 옆에 앉는 것을 좋아하는데, 그곳은 그가 가장 좋아하는 곳이다.

Q1. Patty는 몇시간 잠을 자는가?

(A) 한 시간
(B) 다섯 시간
(C) 열 시간
(D) 열다섯 시간

Q2. Patty가 가장 좋아하는 장소는 어디인가?

(A) 문 옆에
(B) 문 뒤에
(C) 창문 옆에
(D) 창문 뒤에

풀이

Q1. 두 번째 문장에서 그는 하루에 10시간을 잔다고 했으므로 정답은 (C)입니다.

Q2. 마지막 문장에서 그는 창문 옆에 앉는 것을 좋아하고 그곳이 그가 가장 좋아하는 곳이라고 했으므로 정답은 (C)입니다.

정답 (C), (C)

Words and Phrases lazy 게으른 | sleep 자다 | over 넘게 | wake up 일어나다 | afternoon 오후 | breakfast 아침 | spot 곳[장소/자리] | all together 동시에 | window 창문 | favorite 가장 좋아하는 | lunch 점심

2.

> My father is a scientist. He works at a lab. I visit his lab every Tuesday to watch the interesting experiments. On Wednesdays, I write the experiment journals and my father reads them.

Q1. Where does the writer's father work?

(A) at a lab
(B) at a library
(C) at a school
(D) at a restaurant

Q2. When does the writer write the experiment journals?

(A) on Tuesdays
(B) on Wednesdays
(C) on Thursdays
(D) on Fridays

해석 우리 아빠는 과학자이다. 그는 실험실에서 일한다. 나는 흥미로운 실험들을 보기 위해서 매주 화요일마다 그의 실험실에 방문한다. 수요일마다, 나는 실험 일지를 쓰고 우리 아빠가 그것들을 읽으신다.

Q1. 글쓴이의 아버지는 어디에서 일하는가?

(A) 실험실에서
(B) 도서관에서
(C) 학교에서
(D) 식당에서

Q2. 글쓴이는 언제 실험일지를 쓰는가?

(A) 화요일마다
(B) 수요일마다
(C) 목요일마다
(D) 금요일마다

풀이

Q1. 두 번째 문장에서 그의 아버지는 실험실에서 일한다고 했으므로 정답은 (A)입니다.

Q2. 마지막 문장에서 그는 수요일마다 실험 일지를 쓴다고 했으므로 정답은 (B)입니다.

정답 (A), (B)

Words and Phrases scientist 과학자 | lab 실험실 | visit 방문하다 | interesting 흥미로운 | experiment 실험 | journal 일기, 일지

유형 3 – 본문 읽고 질문에 답하기: 특정 정보 파악 (p.166)

1.

My aunt Becky has a very special job. She teaches how to surf. She works at the beach. Every summer I visit her and learn to surf. Sometimes I help her with lining up the surfboards. It is fun and cool.

Q1. What is Becky's job?

(A) animal doctor
(B) surfing teacher
(C) beach lifeguard
(D) surfboard seller

Q2. How does the writer help Becky?

(A) She cleans the beach.
(B) She teaches the students.
(C) She makes the surfboards.
(D) She lines up the supplies.

해석 나의 고모 Becky는 아주 특별한 직업을 가지고 있다. 그녀는 서핑하는 것을 가르친다. 그녀는 해변에서 일한다. 매년 여름 나는 그녀를 방문하여 서핑하는 것을 배운다. 가끔 나는 서핑보드를 정리하는 것을 돕는다. 그것은 재밌고 멋있다.

Q1. Becky의 직업은 무엇인가?

(A) 수의사
(B) 서핑 선생님
(C) 해변 안전요원
(D) 서핑보드 판매원

Q2. 글쓴이는 어떻게 베키를 돕는가?

(A) 해변을 청소한다.
(B) 학생들을 가르친다.
(C) 서핑보드를 만든다.
(D) 도구들을 정리한다.

풀이

Q1. 본문에서 Becky는 서핑하는 것을 가르친다고 했으므로 그녀의 직업은 (B)이다.

Q2. 본문에서 글쓴이는 서핑보드 정리하는 것을 돕는다고 했으므로 답은 (D)이다.

정답 (B), (D)

Words and Phrases aunt 이모/고모 | special 특별한 | teach 가르치다 | how to ~하는 법 | work 일하다 | beach 해변 | visit 방문하다 | lifeguard 안전요원 | seller 판매원 | clean 청소하다 | supplies 도구, 공구| job 직업

2.

Bill's favorite toy is a yellow duck. It is his first toy. The toy is special. It makes a sound. Bill takes it everywhere. He has many toys but only plays with the duck.

Q1. What is the yellow duck?

(A) a toy
(B) a dog
(C) a place
(D) a sound

Q2. What is special about the duck?

(A) It is big.
(B) It can move.
(C) It makes a sound.
(D) It is one of many toys.

해석 Bill이 가장 좋아하는 장난감은 노란색 오리이다. 그것은 그의 첫 장난감이다. 그 장난감은 특별하다. 그것은 소리가 난다. Bill은 그것을 어디든 가지고 다닌다. 그는 많은 장난감이 있지만 그는 오직 오리만 가지고 논다.

Q1. 노란 오리는 무엇인가?

(A) 장난감
(B) 강아지
(C) 장소
(D) 소리

Q2. 오리에 대하여 특별한 것은 무엇인가?

(A) 크다
(B) 움직일 수 있다
(C) 소리가 난다
(D) 많은 장난감 중 하나이다

풀이

Q1. 본문 첫 문장에 노란색 오리는 Bill이 가장 좋아하는 장난감이라고 하였으므로 정답은 (A)입니다.

Q2. 키워드인 special을 본문에서 찾아본다면, 그 다음 문장에 장난감이 특별한 이유를 찾을 수 있습니다. 따라서 정답은 (C)입니다.

정답 (A), (C)

Words and Phrases favorite 가장 좋아하는 | toy 장난감 | duck 오리 | first 첫 | special 특별하다 | sound 소리 | many 많은 | play 놀다

memo

memo

국제토셀위원회

TOSEL 유형분석집

STARTER

Section II.
Reading & Writing